JN105451

はじめての日本語能力試験

N3単語2000

2000 Essential Vocabulary for the JLPT N3

アークアカデミー

中国語・韓国語訳＋赤シート

附中文翻译

한국어 번역 포함

ask

はじめに

前言 / 서문

この本は、日本語能力試験のレベル別シリーズの一冊となっており、本書はＮ３合格を目指すためのものです。

日本語能力試験によく取り上げられ、毎日の暮らしにも役立つ単語をリストアップしました。チャプター・セクションごとにテーマがあり、それぞれの場面をイメージして学べます。中国語と韓国語の対訳がついているので、単語や例文の意味もスムーズに確認することができます。Ｎ３レベルの基本単語に加え、「同義語」「反義語」「関連語・類義語」、コラムで挙げた単語・表現を含め、約2,000語を収録しました。

すべての漢字にルビがついているので、辞書なしで勉強できるのも魅力です。また、赤シート、単語と例文の音声、チャプターごとの模擬試験も用意しました。

日本で学習している方はもちろん、日本以外の国で学習している方にもイメージしやすい内容になっています。この単語帳は試験対策だけではなく、日本語を学習する皆さんにとって心強い一冊になります。合格を心から祈っています。

2019年8月

著者一同

本书是“新日语能力考试万词对策”系列之一，专门为备考N3级或以N3级为目标的日语学习者编写而成。

本书列出了1393个词条，加上“同义词”“反义词”“关联词、近义词”等单词及表达方式，共计收录N3级必备的2000个单词。本书汇集了日语能力考试中频繁出现、日常生活中也能派上用场的单词，按照不同的主题，分成12个Chapter（章），每个Chapter包含5个Section（节），大家可以结合相应主题的场景来学习。本书还配有中文和韩语翻译，方便大家即时确认单词、例句的意思。

所有汉字都标有假名，学习过程中不用担心会被查字典打断；双色印制，附红膜自测卡，并采用有声书的形式；每章还配有日语能力考试模拟试题。

我们衷心希望本书能够带领大家顺利地通过 N3 级考试，并且成为大家日语学习之路上值得信赖的单词书。

2019 年 8 月

全体作者

이 책은 일본어 능력 시험의 수준별 시리즈의 한 권으로, N3 합격을 목표로 한 책입니다.

일본어 능력 시험에 자주 출제되고, 일상생활에도 도움이 되는 단어를 실었습니다. 장 (章) · 항 (項) 마다 테마를 정하여, 각각의 장면을 이미지로 배울 수 있습니다. 중국어와 한국어의 대역이 붙어 있기 때문에, 단어와 예문의 의미도 쉽게 확인할 수 있습니다. N3 수준의 기본 단어 외에 " 동의어 ", " 반의어 ", " 관련어 · 유의어 ", 칼럼에서 언급한 단어 · 표현을 포함하여 약 2,000 단어를 수록했습니다.

모든 한자에 루비 (읽는 방법) 가 있기 때문에, 사전 없이 공부할 수 있는 것도 매력입니다. 또한 레드 시트, 단어와 예문의 음성, 장 (章) 마다 모의시험도 준비했습니다.

일본에서 공부하고 있는 분은 물론, 일본 이외의 나라에서 학습하고 있는 분들도 이미지 하기 쉬운 내용으로 되어 있습니다. 이 단어장은 시험 준비뿐만 아니라, 일본어를 학습하는 여러분에게 마음 든든한 서적이 될 것입니다.

진심으로 합격을 기원합니다.

2019 년 8 월

저자 일동

この本の使い方

本书的使用方法 / 이 책의 사용법

▶ テーマ別単語学習

分主题学单词 / 주제별 단어 학습

日本語能力試験で取り上げることが多い単語がテーマ別にチャプター・セクションでまとめられています。チャプターの順どおりに進めてもいいですし、興味のあるチャプターから始めてもいいでしょう。

本书把日语能力考试中频繁出现的单词分为不同的主题，汇成了各个章节。大家学习时，可按照章节顺序，也可从感兴趣的章节开始。

일본어 능력 시험에서 다루는 수많은 단어를 주제별로 장 (章) ・ 항 (項) 에서 정리하고 있습니다 . 순서대로 진행해도 괜찮으며 , 흥미가 있는 장 (章) 부터 시작해도 좋습니다 .

▶ 模擬試験で腕試し

模拟题自测 / 모의 시험으로 실력 확인

日本語能力試験の語彙問題の模擬試験がウェブサイトにあります（PDF / オンライン）。くわしくはウェブサイトをご覧ください。

https://www.ask-books.com/jp/hajimete-jlpt/

日语能力考试词汇部分的模拟试题请登录网站进行确认（PDF / 在线）。

일본어 능력 시험 어휘 문제의 모의고사가 웹 사이트에 있습니다 (PDF / 온라인). 자세한 사항은 웹 사이트를 참조하십시오 .

▶ 赤シートの活用

红膜自测卡 / 레드 시트의 활용

付属の赤シートで、単語と例文中の単語を隠して学習できます。訳を参照して、隠れている語がすぐに思い出せるか確認しましょう。

随书附赠的红色卡片能够遮盖词条里的单词及例句中的单词。大家可以参考翻译，测试一下自己能否马上想起被遮盖的单词。

들어있는 레드 시트를 이용하여 , 단어와 예제 문장의 단어를 가리고 학습할 수 있습니다 . 번역을 참조하여 단어를 바로 떠 올릴 수 있는지 확인합시다 .

▶ 音声の活用

灵活应用有声书 / 음성의 활용

単語と例文の音声がウェブサイトにあります。くわしくはウェブサイトをご覧ください。https://www.ask-books.com/jp/hajimete-jlpt/

本书配有单词和例句的音频文件，详情请登录网站进行确认。

단어와 예문의 음성이 웹 사이트에 있습니다 . 자세한 사항은 웹 사이트를 참조하십시오 .

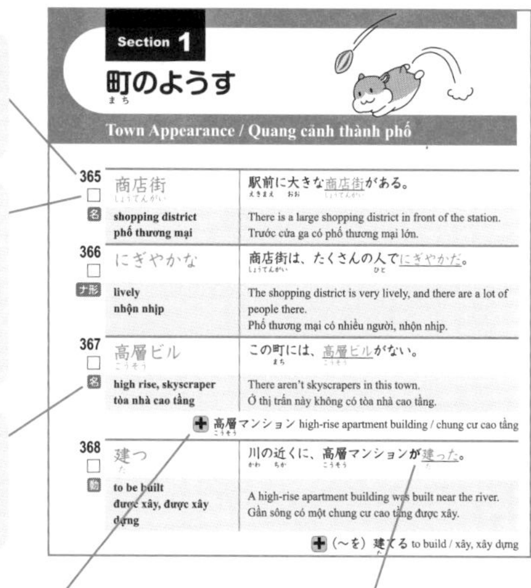

Section 1

町のようす

Town Appearance / Quang cảnh thành phố

365 □ 名	商店街 shopping district phố thương mại	駅前に大きな商店街がある。 There is a large shopping district in front of the station. Trước cửa ga có phố thương mại lớn.
366 □ ナ形	にぎやかな lively nhộn nhịp	商店街は、たくさんの人でにぎやかだ。 The shopping district is very lively, and there are a lot of people there. Phố thương mại có nhiều người, nhộn nhịp.
367 □ 名	高層ビル high rise, skyscraper tòa nhà cao tầng	この町には、高層ビルがない。 There aren't skyscrapers in this town. Ở thị trấn này không có tòa nhà cao tầng.
		➕ 高層マンション high-rise apartment building / chung cư cao tầng
368 □ 動	建つ to be built được xây, được xây dựng	川の近くに、高層マンションが建った。 A high-rise apartment building was built near the river. Gần sông có một chung cư cao tầng được xây.
		➕ (～を) 建てる to build / xây, xây dựng

単語の番号です。
单词编号。
단어의 번호입니다 .

覚えたら、チェックボックスにチェックを入れましょう。
记住后请在确认框里做上标记。
외웠으면 체크 박스에 체크 표시를 넣읍시다 .

単語の品詞です。
单词词性。
단어의 품사입니다 .

一緒に覚える単語と、注意点や説明などです。
需要同时记住的单词、注意点、说明等。
같이 외울 단어 , 주의점과 설명 등입니다 .

➕：関連語・類義語など
关联词、近义词等 / 관련 단어 · 유의어 등

🟰：同義語　同义词 / 동의어

↔：反義語　反义词 / 반의어

👉：注意点や説明
注意点或说明 / 주의 사항 및 설명

太字は自動詞・他動詞の助詞です。
自动词、他动词的助词用粗体字表示。
굵은 글씨는 자동사 · 타동사의 조사입니다 .

▶ この本で使用する品詞の一覧

本书词性一览表 / 이 책에서 사용하는 품사의 일람

- 名：名詞　名词 / 명사
- 動：動詞　动词 / 동사
- 副：副詞　副词 / 부사
- 接続：接続詞　接续词 / 접속사
- 慣：慣用句　惯用词组 / 관용구
- ナ形：ナ形容詞　na 形容词 / ナ형용사
- イ形：イ形容詞　i 形容词 / イ 형용사
- 連体：連体詞　连体词 / 연체사 (관형어)

目次

目录 / 목차

N3

Chapter 1

人と人との関係

ひと　ひと　かんけい

人与人的关系

사람과 사람과의 관계

Section 1

家族
かぞく

家人 / 가족

1 □ 名	父親 ちちおや 父亲 아버지	父親は今年50歳になる。 ちちおや ことし ごじゅっ さい 我父亲今年50岁。 아버지는 올해 50 세가 된다.
2 □ 名	母親 ははおや 母亲 어머니	母親の料理は、とてもおいしい。 ははおや りょうり 我母亲做的菜很好吃。 어머니의 요리는 매우 맛있습니다.
3 □ 名	長女 ちょうじょ 长女，大女儿 장녀	私は長女で、妹が一人いる。 わたし ちょうじょ いもうと ひとり 我是长女，我还有一个妹妹。 나는 장녀이고, 여동생이 한 명 있다.
4 □ 名	長男 ちょうなん 长子，大儿子 장남	姉に元気な長男が生まれた。 あね げんき ちょうなん う 我姐姐的大儿子健康地出生了。 누나 / 언니에게 건강한 첫째 아들이 태어났다.
5 □ 名	次女 じじょ 次女，二女儿 차녀	次女は母に似ている。 じじょ はは に 二女儿长得像妈妈。 둘째 딸은 어머니를 닮았다.

= 二女 じじょ

6 □ 名	次男 じなん 次子，二儿子 차남	次男はとても背が高い。 じなん せ たか 二儿子个子很高。 차남은 매우 키가 크다.

= 二男 じなん

7 □ 名	三女 さんじょ 三女儿 셋째 딸	三女は小学一年生だ。 さんじょ しょうがくいちねんせい 三女儿上小学一年级。 셋째 딸은 초등학교 1 학년이다.

8 □ 名 三男 さんなん	三男は兄弟の中で一番元気だ。 さんなん きょうだい なか いちばんげんき
三儿子 셋째 아들	兄弟姐妹当中，三儿子最活泼。 셋째 아들은 형제 중 가장 활달하다.
9 □ 名 末っ子 すえ こ	彼は５人兄弟の末っ子だ。 かれ にんきょうだい すえ こ
最小的儿子或女儿 막내	他在 5 个兄弟姐妹当中排行最小。 그는 5 형제 중 막내다.
10 □ 名 一人っ子 ひとり こ	私の友だちには、一人っ子が多い。 わたし とも ひとり こ おお
独生子女 독자 (외아들 , 외동딸)	我的朋友当中，很多都是独生子女。 내 친구 중에는 독자 (외아들 , 외동딸) 가 많다.
11 □ 名 姉妹 しまい	私は３人姉妹の末っ子だ。 わたし にん しまい すえ こ
姐妹 자매	我们家三姐妹当中，我最小。 나는 3 자매 중 막내다.
12 □ 名 一人娘 ひとりむすめ	父親は一人娘の結婚式で泣いた。 ちちおや ひとりむすめ けっこんしき な
独生女 외동딸	父亲在独生女的婚礼上哭了。 아버지는 외동딸의 결혼식에서 울었다.

➕ 一人息子（ひとりむすこ） 独生子 / 외아들

13 □ 名 親子 おやこ	最近、親子でよく海外旅行をしている。 さいきん おやこ かいがいりょこう
父母和子女 부모와 자식	最近，我们父子经常出国旅行。 최근 부모와 자녀가 함께 자주 해외여행을 하고 있다.
14 □ 名 夫婦 ふうふ	佐藤さん夫婦は、毎日散歩している。 さとう ふうふ まいにちさんぽ
夫妻，两口子 부부	佐藤两口子每天都出门散步。 사토 씨 부부는 매일 산책하고 있다.
15 □ 名 [ご] 夫妻 ふさい	部長ご夫妻の家に招待された。 ぶちょう ふさい いえ しょうたい
夫妇 부부	部长夫妇邀请我去了他们家。 부장님 부부댁에 초대되었다.

"夫妻"比"夫婦"更正式，而且语气更生硬，如"田中夫妻"。
"夫妻"는 "夫婦"보다 딱딱한 표현으로 "田中夫妻" 처럼 이름을 붙여 부를 때 사용된다.

16	親類（しんるい）	田中（たなか）さんと私（わたし）は親類（しんるい）だ。
□ 名	亲戚 친척	我和田中是亲戚。 다나카 씨와 나는 친척 사이이다.

＝ 親（しん）せき

17	先祖（せんぞ）	うちの先祖（せんぞ）に、有名（ゆうめい）なサムライがいるそうだ。
□ 名	祖先 선조	听说我们家的祖先当中有一位有名的武士。 우리 선조에게 유명한 무사 (사무라이) 가 있다고 한다.

＋ 祖先（そせん） 祖先 / 조상

18	尊敬（そんけい）〈する〉	私（わたし）は両親（りょうしん）をとても尊敬（そんけい）している。
□ 名	尊敬 존경 <하다>	我非常尊敬我父母。 나는 부모님을 매우 존경하고 있다.

19	おじ	父（ちち）とおじは二人兄弟（ふたりきょうだい）だ。
□ 名	姑丈，姨夫，叔，伯，舅 삼촌	我爸和我叔叔是两兄弟。 아버지와 삼촌은 두 형제이다.

叔叔和伯父都是“おじ”，只不过对应的汉字不一样。
부모님의 남자 형제 모두가 " おじ " 에 해당함 .(단 , 한자로 쓸 경우에는 표기가 다르다 .)

20	おば	私（わたし）は母親（ははおや）よりおばに、いろいろ相談（そうだん）する。
□ 名	姑，姨，婶，伯母，舅妈 고모 / 이모 / 큰어머니 / 작은어머니	比起母亲，我跟伯母聊得更多。 나는 어머니보다 고모 / 이모 / 큰어머니 / 작은어머니에게 여러 가지 상담을 한다.

姨和伯母都是“おば”，只不过对应的汉字不一样。
부모님의 여자 형제 모두 " おば "" 에 해당함 .(단 , 한자로 쓸 경우에는 표기가 다르다 .)

21	いとこ	今日（きょう）、いとこが遊（あそ）びに来（く）る。
□ 名	堂兄弟，堂姐妹，表兄弟，表姐妹 사촌	表弟今天要来玩。 오늘 , 사촌이 놀러 온다.

男女通用 / 남성에게도 여성에게도 사용

22	おい	おいが生（う）まれて、私（わたし）もおばさんになった。
□ 名	侄子，外甥 (남자) 조카	外甥出生了，我也变成小姨了。 조카가 태어나서 , 나도 고모 / 이모가 되었다.

23 □	めい	おいもめいも、とてもかわいい。
名	**侄女，外甥女** **(여자) 조카 / 조카딸**	侄子和侄女都很可爱。 조카도 조카딸도 아주 귀엽다.
24 □	連れる（つ）	子(こ)どもを連(つ)れて、近所(きんじょ)の公園(こうえん)に行(い)く。
動	**带** **데리고 오다 / 데리고 가다**	带孩子去附近的公园。 아이를 데리고 동네 공원에 간다.
25 □	似る（に）	A「お父(とう)さんとお母(かあ)さん、どちらに似(に)ていますか。」 B「父(ちち)に似(に)ていると言(い)われます。」
動	**像** **닮다 / 비슷하다 / 유사하다**	A：你是像爸爸还是像妈妈? B：他们说我像爸爸。 A " 엄마와 아빠 어느 분과 닮았습니까 ? " B " 아버지를 닮았다고 듣고 있습니다 ."

通常以“似ている”的形式出现。
일반적으로 " 似ている " 의 형태로 사용한다.

26 □	そっくりな	妹(いもうと)の顔(かお)は、父親(ちちおや)にそっくりだ。
ナ形	**一模一样** **흡사한 / 흡사하다**	妹妹的脸长得跟父亲一模一样。 여동생의 얼굴은 아버지와 흡사하다.

Section 2

友だちと知り合い

ともしあ

朋友 / 친구・아는 사람

No.	単語	例文
27 □ 名	親友（しんゆう）	私（わたし）には親友（しんゆう）が3人（にん）います。
	知心朋友 친구	我有 3 个知心朋友。 나에게 친구가 3 명 있습니다.
28 □ 名	仲間（なかま）	彼（かれ）もサッカーの仲間（なかま）に入（い）れよう。
	伙伴 동료 / 멤버	让他也加入足球队吧。 그도 축구 멤버에 넣자.

➕ 遊（あそ）び仲間（なかま） 玩伴 / 놀이 친구・テニス仲間（なかま） 一起打网球的球友 / 테니스 친구 / 동료

No.	単語	例文
29 □ 名	仲良し（なかよ）	クラスメートは、みんな仲良（なかよ）しだ。
	好朋友 사이좋은	全班同学都是好朋友。 클래스 메이트는 모두 사이좋다.
30 □ 名	幼なじみ（おさな）	いなかに帰（かえ）ると、いつも幼（おさな）なじみに会（あ）う。
	发小，从小一起长大的朋友 소꿉 친구	每次回乡下，我总要见一见从小一起长大的朋友。 시골에 가면 항상 소꿉 친구를 만난다.
31 □ 名	友情（ゆうじょう）	彼（かれ）との友情（ゆうじょう）をいつまでも大切（たいせつ）にしたい。
	友情 우정	我想永远珍惜我和他之间的友情。 그와의 우정을 영원히 소중히 하고 싶다.
32 □ イ形	親しい（した）	親（した）しい友（とも）だちの結婚式（けっこんしき）に招待（しょうたい）された。
	亲密的 친한	我受邀参加了好朋友的婚礼。 친한 친구의 결혼식에 초대되었다.
33 □ 名	知人（ちじん）	知人（ちじん）の紹介（しょうかい）で、彼（かれ）と知（し）り合（あ）った。
	相识的人，熟人 지인	在熟人的介绍下，我认识了他。 지인의 소개로 그와 알게 되었다.

➕ 知（し）り合（あ）う 认识 / 알게 되다

34 □	メンバー	A「明日(あした)のパーティーのメンバーは、だれですか。」 B「先生(せんせい)と私(わたし)たちです。」
名	成员 멤버 / 회원	A：明天的聚会都有谁参加? B：老师和我们。 A " 내일 파티 멤버는 누구입니까 ? " B " 선생님과 우리입니다 ."
35 □	つなぐ	子(こ)どもたちは、手(て)をつないで学校(がっこう)に行(い)く。
動	接上 잇다 / 연결하다	孩子们手拉手去学校。 아이들은 손에 손을 이어잡고 학교에 간다 .
36 □	つながる	夜(よる)になっても、電話(でんわ)がつながらない。
動	连接 연결되다	到了晚上，电话还是打不通。 밤이 되어도 전화가 연결되지 않는다 .
37 □	当時(とうじ)	彼女(かのじょ)はクラスメートだったが、当時(とうじ)は、あまり話(はな)さなかった。
名	当时 당시	我和她是同班同学，但当时我们俩没怎么说过话。 그녀는 동급생이었지만 당시에는 그다지 말을 나누지 않았다 .
38 □	祝(いわ)う	友(とも)だちの婚約(こんやく)を祝(いわ)うための会(かい)を開(ひら)いた。
動	庆祝 축하하다	我们办了一个聚会，庆祝朋友订婚。 친구의 결혼을 축하하기 위해 모임을 열었다 .

＝ お祝(いわ)いする ＋ [お] 祝(いわ)い 庆祝 / 축하

39 □	遠慮(えんりょ)〈する〉	遠慮(えんりょ)しないで食(た)べてください。
名	客气，推辞 사양 <하다>	别客气，吃吧。 사양하지 마시고 드세요 .
40 □	しょっちゅう	幼(おさな)なじみとしょっちゅう食事(しょくじ)している。
副	经常，总是 언제나 / 자주 / 빈번히	我经常跟发小一起吃饭。 소꿉 친구와 자주 식사하고 있다 .

41 □	たびたび	仕事中に、友だちからたびたびメールが来る。
副	屡次 번번이 / 자주	上班时，朋友接二连三地给我发来信息。 업무 중에 친구로부터 자주 메일이 온다.
42 □	たまに	大学の友だちとたまにお酒を飲む。
副	偶尔 가끔	我偶尔会跟大学朋友一起喝酒。 대학 친구들과 가끔 술을 마신다.
43 □	たまたま	昨日駅前で、たまたま高校時代の友だちに会った。
副	偶然 우연히	昨天，在车站前面，我偶然碰到了高中时的朋友。 어제 역 앞에서 우연히 고교 시절의 친구를 만났다.
44 □	めったに	東京に来てから、幼なじみとめったに会えない。
副	很少 좀처럼	来东京以后，我就很少见到发小了。 도쿄에 와서 소꿉 친구와 좀처럼 만날 수 없다.
45 □	しばらく	幼なじみとしばらく会っていない。
副	一会儿；一段时间 잠시 / 당분간 / 얼마 동안	我有一阵子没见到发小了。 소꿉 친구와 얼마 동안 만나지 않았다.
46 □	別々〈な〉	親友とは別々の大学に進んだ。(名) これは別々に入れてください。(ナ形)
名 ナ形	分别，各自 따로따로 / 제각기	我和我的知心朋友分别考上了不同的大学。 麻烦您分开装。 친구와 나는 따로따로 / 제각기 다른 대학에 진학했다. 이것은 따로따로 넣어 주세요.

恋人
こいびと

恋愛対象 / 연인

47 □ 名	彼女（かのじょ）	彼女（かのじょ）ができたので、毎日（まいにち）が楽（たの）しい。
	女朋友 여자친구 / 그녀 / 여친	我交到女朋友了，每一天都很快乐。 여자 친구가 생겨서 하루하루가 즐겁다.

“彼女”还用作代词，表示“她”。
"彼女" 는 여성을 가리키는 의미도 있다.

48 □ 名	彼（かれ）	両親（りょうしん）は、彼（かれ）をあまり好（す）きじゃないようだ。
	男朋友 남자 친구 / 그 / 남친	我爸妈似乎不太喜欢我男朋友。 부모는 남자 친구 / 그 / 를 별로 좋아하지 않는 것 같다.

＝ 彼氏（かれし）

“彼”还用作代词，表示“他”。
"彼" 는 남성을 가리키는 의미도 있지만 "彼氏" 는 연인의 의미뿐.

49 □ 名	愛情（あいじょう）	やさしい人（ひと）だとわかり、友情（ゆうじょう）が愛情（あいじょう）に変（か）わった。
	爱情 연정 / 사랑 / 애정	我发现他是一个善良的人，于是我们的友情变成了爱情。 친절한 사람이라고 알게 되자 우정이 사랑으로 바뀌었다.
50 □ 名	出会い（であい）	それはドラマのような出会い（であい）だった。
	邂逅 만남	那次邂逅就像电视剧一样。 그것은 드라마 같은 만남이었다.
51 □ 動	出会う（であう）	アメリカに旅行（りょこう）したとき、彼女（かのじょ）に出会（であ）った。
	（偶然）遇见 만나다	我在美国旅游时，遇见了她。 미국에 여행했을 때 그녀를 만났다.

52 □ 付(つ)き合(あ)う

動 交往，陪 / 교제하다 / 행동을 같이하다

①二人(ふたり)は半年前(はんとしまえ)から付(つ)き合(あ)っている。
②これから友(とも)だちの買(か)い物(もの)に付(つ)き合(あ)う。

①他们俩从半年前就开始交往了。
②我现在要去陪朋友买东西。
① 두 사람은 반년 전부터 교제하고 있다.
② 지금부터 친구의 쇼핑에 행동을 같이한다.

➕ 付(つ)き合(あ)い 交往；陪；打交道 / 교제

👉 ①交往 ②陪某人做某事
① 교제하다 ② 다른 사람이 뭔가를 할 때 함께 따라간다

53 □ 交際(こうさい)〈する〉

名 交际，交往 / 교제 <하다>

彼女(かのじょ)の両親(りょうしん)が、二人(ふたり)の交際(こうさい)に反対(はんたい)している。

她父母反对他们俩交往。
그녀의 부모님이 두 사람의 교제를 반대하고 있다.

54 □ 記念(きねん)〈する〉

名 纪念 / 기념 <하다>

彼女(かのじょ)の卒業(そつぎょう)を記念(きねん)して、写真(しゃしん)を撮(と)った。

拍照纪念她毕业。
그녀의 졸업 기념으로 사진을 찍었다.

55 □ 記念日(きねんび)

名 纪念日 / 기념일

明日(あした)は結婚(けっこん)記念日(きねんび)だ。

明天是结婚纪念日。
내일은 결혼기념일이다.

56 □ けんか〈する〉

名 吵架 / 싸움 <하다>

私(わたし)たちは、よくけんかする。

我们经常吵架。
우리는 자주 싸움을 한다.

➕ 口(くち)げんか〈する〉 争吵 / 말싸움 <하다>

57 □ 言(い)い返(かえ)す

動 还嘴 / 말대꾸를 하다

彼(かれ)は注意(ちゅうい)されると、すぐ言(い)い返(かえ)す。

只要有人提醒他，他就会立马还嘴。
그는 주의를 받으면 바로 말대꾸를 한다.

58 □ 謝(あやま)る

動 道歉 / 사과하다

私(わたし)が怒(おこ)ると、彼(かれ)はすぐに謝(あやま)る。

我一生气，他就立马道歉。
내가 화를 내면 그는 곧 사과한다.

59 □ 名
仲直り〈する〉（なかなお）
和好
화해 < 하다 >
3日前にけんかして、まだ仲直りしていない。
3天前吵了一架，到现在还没有和好。
3일 전에 싸우고 아직 화해하지 않았다.

60 □ 動
連れて行く（つ い）
带去
데려가다
両親の家に彼女を連れて行きたい。
我想带女朋友去父母家。
부모의 집에 그녀를 데려가고 싶다.

61 □ 動
連れて来る（つ く）
带来
데려오다
兄が彼女を家に連れて来た。
哥哥把女朋友带回家了。
오빠가 여자 친구를 집으로 데려왔다.

62 □ 名
秘密（ひみつ）
秘密
비밀
彼は私の秘密を、みんなに話した。
他把我的秘密告诉所有人了。
그는 나의 비밀을 모두에게 말했다.

63 □ 名
内緒（ないしょ）
秘密
비밀
この話は、ぜったいに内緒にしてね。
这件事一定要保密哦！
이 이야기는 절대로 비밀로 해 줘.

64 □ 動
好かれる（す）
受人喜爱
사랑받다
彼女は、みんなに好かれる人だ。
她受到大家的喜爱。
그녀는 모두에게 사랑받는 사람이다.

65 □ 動
もてる
受欢迎
인기가 있다
どうして彼が女性にもてるのか、わからない。
我不理解他为什么会受到女性的喜欢。
왜 그가 여자에게 인기가 있는지 모르겠어요.

66 □ 動
（人を）ふる（ひと）
摇；扔；把（人）甩了
(사람을) 거절하다
弟は彼女にふられて、元気がない。
弟弟被女朋友甩了，无精打采的。
남동생은 여자 친구에게 퇴짜를 맞아 풀이 죽어 있다.

67 □ 名
[お]見合い〈する〉（みあ）
相亲
맞선 < 보다 >
姉はお見合いの前に、美容院へ行った。
相亲之前，姐姐去了一趟美容院。
누나 / 언니는 맞선 전에 미용실에 갔다.

＋ 見合い結婚（みあいけっこん） 相亲结婚 / 중매 결혼

68 □ 名

恋愛〈する〉
れんあい

今は恋愛より、いい友だちがほしい。
いま　れんあい　とも

恋爱
연애 < 하다 >

比起恋爱，我现在更需要一个好朋友。
지금은 연애보다 좋은 친구를 원한다.

➕ 恋愛結婚（れんあいけっこん） 恋爱结婚 / 연애 결혼

69 □ 名

存在〈する〉
そんざい

恋人は、ぼくにとって大切な存在だ。
こいびと　たいせつ　そんざい

存在
존재 < 하다 >

对我来说，恋人是一个重要的存在。
연인은 나에게는 소중한 존재다.

Section 4

コミュニケーション

交流 / 커뮤니케이션

70 □ 名	相手（あいて） **对方** **상대**	自分（じぶん）のことだけでなく、相手（あいて）のことも考（かんが）えよう。 不要光想着自己，也要考虑对方。 자신의 것만 생각하지 말고 상대방의 것도 생각하자 .
71 □ 動	助（たす）ける **帮助** **돕다**	駅（えき）で困（こま）っている人（ひと）を助（たす）けた。 我在车站帮助了一个遇到麻烦的人。 역에서 곤란해 하고 있는 사람을 도왔다 .
72 □ 動	助（たす）かる **获救；得到帮助** **살아나다 / 목숨을 건지다 / 도움이 되다**	友（とも）だちがレポートをチェックしてくれたので、助（たす）かった。 朋友检查了一遍我的论文，帮了我大忙。 친구가 보고서를 체크해 주어서 도움이 됐다 .
73 □ 動	支（ささ）える **支持** **떠받다 / 지원하다 / 지지하다**	国（くに）の両親（りょうしん）が、いつも私（わたし）を支（ささ）えてくれる。 父母在国内一直支持我。 고향의 부모가 항상 나를 지원해 준다 .
74 □ 動	誘（さそ）う **约，邀请** **권하다 / 꾀다 / 불러내다**	見（み）たい映画（えいが）があるので、友（とも）だちを誘（さそ）った。 我想看一部电影，所以约了朋友一起看。 보고 싶은 영화가 있어 친구를 불러냈다 .

➕ 誘（さそ）い 邀请 / 권유 / 꾐 / 유혹

75 □ 動	待（ま）ち合（あ）わせる **约人见面** **만날 약속을 하다 / 미리 장소와 시간을 정해 놓고 상대를 기다리다**	駅前（えきまえ）のカフェで、友（とも）だちと待（ま）ち合（あ）わせた。 我和朋友约在车站前面的咖啡馆见面。 역앞의 카페에서 친구와 만날 약속을 했다 .

➕ 待（ま）ち合（あ）わせ 约人见面 / 약속

	見出し語	例文
76 □ 名	交換〈する〉(こうかん)	仕事(しごと)の相手(あいて)と、メールアドレスを交換(こうかん)した。
	交换 교환 <하다>	我和工作伙伴交换了邮箱地址。 일을 같이 하는 상대와 이메일 주소를 교환했다.
77 □ 名	交流〈する〉(こうりゅう)	いろいろな国(くに)の人(ひと)たちと交流(こうりゅう)したい。
	交流 교류 <하다>	我想和世界各国的人们交流。 여러 나라 사람들과 교류하고 싶다.
78 □ 動	断る(ことわ)	兄(あに)の友(とも)だちにデートに誘(さそ)われたが、断(ことわ)った。
	拒绝 거절하다	哥哥的朋友想跟我约会，我拒绝了。 오빠의 친구에게 데이트에 초대를 받았지만 거절했다.
79 □ 動	預ける(あず)	旅行(りょこう)の間(あいだ)、友(とも)だちにペットを預(あず)けた。
	寄存；托付 맡기다	旅行的那段时间，我托朋友照看我的宠物。 여행 동안 친구에게 애완 동물을 맡겼다.
80 □ 動	預かる(あず)	友(とも)だちの旅行(りょこう)の間(あいだ)、彼女(かのじょ)のペットを預(あず)かった。
	(代人) 保管 맡다	朋友去旅行时，我帮她照看她的宠物。 친구의 여행 동안 그녀의 애완 동물을 맡았다.
81 □ 動	かわいがる	彼女(かのじょ)は、みんなからかわいがられている。
	喜爱 귀여워 하다	她得到大家的喜爱。 그녀는 모두에게 귀여움을 받는다.
82 □ 動	甘やかす(あま)	両親(りょうしん)は弟(おとうと)を甘(あま)やかしている。
	娇惯，纵容 응석을 받아 주다	我爸妈溺爱我弟弟。 부모님은 동생의 응석을 받아 주고 있다.
83 □ 動	ついて来る(く)	散歩(さんぽ)にいつも妹(いもうと)がついて来(く)る。
	跟来 따라오다	我去散步时，妹妹总是跟着。 산책에 항상 여동생이 따라온다.

⇔ ついて行(い)く

	見出し語	例文
84 □ 動	抱く(だ)	かわいい赤(あか)ちゃんを抱(だ)いた。
	抱 안다	我抱了一个可爱的小宝宝。 귀여운 아기를 안았다.

85 □ 動

話しかける (はな)	兄は、赤ちゃんに話しかけた。(あに / はな)
跟人说话 **말을 건내다 / 걸다**	哥哥跟小宝宝说话。 형 / 오빠는 아기에게 말을 걸었다.

86 □ 名

無視〈する〉 (むし)	知り合いに話しかけたのに、無視された。(しあ / はな / むし)
无视 **무시 <하다>**	我跟一个熟人说话，却被他无视了。 아는 사람에게 말을 걸었는데 무시당했다.

87 □ 動

振り向く (ふむ)	後ろから名前を呼ばれて、振り向いた。(うし / なまえ / よ / ふむ)
回头 **뒤돌아보다**	我听到有人从背后叫我，就回过头来。 뒤에서 누군가가 내 이름을 불러서, 뒤돌아보았다.

88 □ 動

いただく	部長に日本のお酒をいただいた。(ぶちょう / にほん / さけ)
领受 **받다**	部长送了我一瓶日本的酒。 부장님한테 일본의 술을 받았다.

“～ていただく”表示地位比说话人高的人为说话人做某事。
"～ていただく"는 윗사람한테 뭔가 해 받을 때 쓴다.

89 □ 動

くださる	社長の奥様が、お菓子をくださった。(しゃちょう / おくさま / かし)
给（我） **주시다**	总经理夫人给了我一块点心。 사장님의 사모님께서 과자를 주셨다.

“～てくださる”表示地位比说话人高的人为说话人做了某事。
"～てくださる"는 윗사람이 뭔가를 해 주었을 때 사용한다.

90 □ 動

差し上げる (さあ)	先生に国のお土産を差し上げた。(せんせい / くに / みやげ / さあ)
呈送 **드리다**	我把国内特产送给了老师。 선생님께 고향의 기념품을 드렸다.

“～て差し上げる”表示说话人为地位比自己高的人做某事。
"～て差し上げる"는 윗사람에게 무언가를 할 때 사용한다.

91 □ 動

やる	買ったばかりのバッグを妹にやった。(か / いもうと)
给 **주다**	我把刚买的包给了妹妹。 막 구입한 가방을 여동생에게 주었다.

“～てやる”表示说话人为地位比自己低的人做某事，或者用于动植物。但现在也经常用“～てあげる”。
"～てやる"는 아랫사람 혹은 동식물에게 무언가를 해 줄 때 사용한다. 그러나 최근에는 "～てあげる"을 사용하는 경우가 많다.

	与える あた	彼女は、私たちに元気を与えてくれる人だ。 かのじょ わたし げんき あた ひと
92 □ 動	给，给予 부여하다 / 주다	是她让我们振作起来的。 그녀는 우리에게 힘을 주는 사람이다.
	味方〈する〉 みかた	私はいつも、あなたの味方です。 わたし みかた
93 □ 名	自己这一方 편들다	我会一直站在你这一边。 난 항상 당신 편입니다.
	悪口 わるぐち	人の悪口を言うのは、やめよう。 ひと わるぐち い
94 □ 名	坏话 욕설	不要说别人的坏话。 남의 욕을 하는 것은 그만두자.
	我々 われわれ	これが我々の意見です。 われわれ いけん
95 □ 名	我们 우리	这就是我们的意见。 이것이 우리의 의견입니다.

➕ 私たち（わたし） 我们 / 우리

“我々”是一个非常正式的说法，常用于演讲当中。
"我々"는 딱딱한 표현. 연설 등에 사용한다.

	まね〈する〉	人のまねではなく、自分の考えを持とう。 ひと じぶん かんが も
96 □ 名	模仿 흉내 <내다>	不要模仿别人，要有自己的想法。 사람의 흉내를 내지 말고 자기 생각을 갖자.

Section 5

どんな人（ひと）？

什么样的人？ / 어떤 사람？

97 □ 名	名字（みょうじ） 姓 성	彼（かれ）の名字（みょうじ）は、とても珍（めずら）しい。 他的姓非常少见。 그의 성은 매우 드물다.
98 □ 名	性別（せいべつ） 性别 성별	名前（なまえ）を書（か）いて、性別（せいべつ）に○をしてください。 请填写名字，在性别处画圈。 이름을 쓰고 성별에 ○를 하십시오.

➕ 男性（だんせい） 男性 / 남성・女性（じょせい） 女性 / 여성

99 □ 名	年齢（ねんれい） 年龄 연령 / 나이	女性（じょせい）に年齢（ねんれい）を聞（き）いてはいけない。 女性的年龄问不得。 여성에게 나이 / 연령을 물으면 안 된다.
100 □ 名	高齢（こうれい） 年纪大 고령	日本（にほん）には、高齢（こうれい）で元気（げんき）な人（ひと）が多（おお）い。 日本有很多年纪大还很健康的人。 일본에는 고령이지만 건강한 사람이 많다.

➕ 高齢者（こうれいしゃ） 年纪大的人 / 고령자・高齢化（こうれいか）老龄化 / 고령화・[お]年寄（としよ）り老年人 / 나이드신 분

101 □ 名	老人（ろうじん） 老人 노인	ボウリングは、老人（ろうじん）も好（す）きなスポーツだ。 保龄球是一项老年人也喜欢的运动。 볼링은 노인도 좋아하는 스포츠이다.
102 □ 名	幼児（ようじ） 幼儿 유아 / 어린아이	この教室（きょうしつ）では、幼児（ようじ）が英語（えいご）を勉強（べんきょう）している。 幼儿正在这间教室里学习英语。 이 교실에서는 유아가 영어를 공부하고 있다.

➕ 乳児（にゅうじ） 婴儿 / 젖먹이 아이・児童（じどう） 儿童 / 아동

103 出身（しゅっしん）
名
来自……
출신

彼（かれ）はタイのバンコク出身（しゅっしん）だ。
他来自泰国曼谷。
그는 태국의 방콕 출신이다.

＋ 出身地（しゅっしんち） 出生地 / 출신지・出身大学（しゅっしんだいがく） 毕业院校 / 출신 대학

104 生（う）まれ
名
出生，出生地
출생

私（わたし）は大阪（おおさか）生（う）まれだ。
我在大阪出生。
나는 오사카 출생이다.

＋ 生（う）まれる 出生 / 태어나다

105 育（そだ）ち
名
成长，成长的地方
성장

私（わたし）は大阪（おおさか）生（う）まれ、東京（とうきょう）育（そだ）ちだ。
我在大阪出生，在东京长大。
나는 오사카 출생이고 도쿄에서 성장했다.

＋ 育（そだ）つ 成长 / 성장하다

106 行儀（ぎょうぎ）
名
言行举止
행동거지 / 예의범절

あの子（こ）は、とても行儀（ぎょうぎ）がいい。
那个小孩很有礼貌。
그 / 저 아이는 매우 예의범절이 좋다.

107 マナー
名
礼仪
매너

彼（かれ）はタバコのマナーを知（し）らない。
他不懂吸烟的礼仪。
그는 담배에 관한 매너를 모른다.

＝ 礼儀（れいぎ）

108 個人（こじん）
名
个人
개인

個人（こじん）のデータは、あまり教（おし）えないほうがいい。
最好不要把私人信息告诉别人。
개인의 데이터는 그다지 알리지 않는 것이 좋다.

＋ 個人的（こじんてき）な 个人的 / 개인적인・個人情報（こじんじょうほう） 个人信息 / 개인 정보

109 アドレス
名
邮箱地址
주소 / 어드레스

アドレスは名刺（めいし）に書（か）いてある。
名片上有邮箱地址。
어드레스는 명함에 적혀 있다.

＝ メールアドレス

表示居住等的地点时，一般用“住所”。
거주하고 있는 곳은 일반적으로 " 住所 " 를 사용한다 .

110	本人（ほんにん）	あなたが本人（ほんにん）か、確認（かくにん）させてください。
名	本人 본인	请让我确认一下是不是您本人。 당신이 본인인지 확인하겠습니다 .
111	独身（どくしん）	彼（かれ）は独身（どくしん）だが、結婚（けっこん）したいと言（い）っていた。
名	单身 독신 / 싱글	虽然他现在是单身，但他说过想结婚。 그는 독신이지만 , 결혼하고 싶다고 말했다 .

＋ 既婚（きこん） 已婚 / 기혼

112	主婦（しゅふ）	姉（あね）は主婦（しゅふ）だが、仕事（しごと）もしている。
名	主妇 주부	姐姐虽然是家庭主妇，但也有工作。 누나 / 언니는 주부이지만 일도 하고 있다 .

＋ 専業主婦（せんぎょうしゅふ） 全职主妇 / 전업 주부

113	フリーター	弟（おとうと）は大学（だいがく）を卒業（そつぎょう）してからずっとフリーターだ。
名	自由职业者 프리터	弟弟大学毕业之后一直是自由职业者。 동생은 대학을 졸업하고 나서 계속 프리터다 .
114	無職（むしょく）	今（いま）は無職（むしょく）だが、来月（らいげつ）から働（はたら）く。
名	没有工作 무직	我现在没有工作，下个月开始上班。 지금은 무직이지만 다음 달부터 일을 한다 .

敬語表現(けいごひょうげん)

敬语 / 경어 표현

▶ 丁寧語(ていねいご)　礼貌体 / 경어

• です→でございます　あります→ございます

こちらが喫煙室(きつえんしつ)でございます。

这里是吸烟室。/ 여기가 흡연실입니다.

このバッグには、黒(くろ)と赤(あか)がございます。

这款包有黑色和红色。/ 이 가방은 검은 것과 빨간 것이 있습니다.

• お(ご)＋名

お金(かね)　お酒(さけ)　お茶(ちゃ)　お給料(きゅうりょう)　钱 酒 茶 工资 / 돈 술 차 급료

👉 "お / ご" 接名词表示尊敬，如 "お名前" "ご住所" 等，不用于自己。
"お名前" "ご住所" 등, 다른 사람에 대해 "お (ご) + 명사" 는 존경 표현.

▶ 尊敬語(そんけいご)　敬体 / 존경어

•お(ご)～になる

A「田中部長(たなかぶちょう)は何時(なんじ)にお戻(もど)りになりますか。」
B「3時(じ)ごろの予定(よてい)です。」

A：田中部长几点回来？ / 다나카 부장님은 몇 시에 돌아오십니까？
B：预计 3 点左右。/ 3 시쯤의 예정입니다.

• お(ご)～ください

こちらで少々(しょうしょう)お待(ま)ちください。

请在此稍候。/ 이곳에서 잠시만 기다려 주십시오.

事務所(じむしょ)でのタバコはご遠慮(えんりょ)ください。

请勿在办公室内抽烟。/ 사무실에서 담배는 삼가해 주십시오.

• ～(ら)れる

A「田中部長(たなかぶちょう)は何時(なんじ)に戻(もど)られますか。」
B「3時(じ)ごろの予定(よてい)です。」

A：田中部长几点回来？ / 다나카 부장님은 몇 시에 돌아오십니까？
B：预计 3 点左右。/ 3 시쯤의 예정입니다.

👉 动词变形同被动态 / 수동형과 같은 형태

▶ **謙譲語**（けんじょうご） 自谦语 / 겸양어

• お(ご)～する

明日（あす）**の2時**（じ）**にお待**（ま）**ちしています。**

明天两点恭候您的光临。 / 내일 2 시에 기다리고 있겠습니다 .

よかったら、東京（とうきょう）**をご案内**（あんない）**します。**

可以的话，我带您在东京转一转。 / 괜찮다면 도쿄를 안내하겠습니다 .

仅用于为别人做某事 / 다른 사람을 위한 일에만 사용

• ～させていただく

今日（きょう）**は早退**（そうたい）**させていただけませんか。**

我今天能早退吗? / 오늘 조퇴하게 해 주십시오 .

▶ **特別**（とくべつ）**な敬語**（けいご） 特殊敬语 / 특별한 경어

	尊敬語（そんけいご）	謙譲語（けんじょうご）
言（い）う	おっしゃる	申（もう）す（申（もう）し上（あ）げる＝特定（とくてい）の人（ひと）に）
する	なさる	いたす
いる	いらっしゃる・おいでになる	おる
行（い）く	いらっしゃる・おいでになる	うかがう・まいる
来（く）る	いらっしゃる・おいでになる	まいる
食（た）べる	召（め）し上（あ）がる	いただく
見（み）る	ご覧（らん）になる	拝見（はいけん）する
見（み）せる		お目（め）にかける
会（あ）う		お目（め）にかかる
知（し）っている	ご存（ぞん）じだ（⇔ご存（ぞん）じじゃない）	存（ぞん）じている（⇔存（ぞん）じない）

▶ **「私」は「わたし」？「わたくし」？**

“私”读成“わたし”还是“わたくし”？ / " 私 " 는 " 나 "? " 저 "?

“わたし”不如“わたくし”正式，可用于书面语，也可用于正式场合。
" わたし " 는 " わたくし " 보다 허물없는 말투 . 문어와 공식적인 장소에서 사용할 수 있다 .

N3

Chapter 2

毎日の暮らし①

まいにち く

日常生活①

일상생활 ①

単語 No.
たんご

Section 1

時の表現

ときひょうげん

时间 / 때의 표현

115 □ 名	本日（ほんじつ） 今天 오늘	本日（ほんじつ）はお忙（いそが）しいところ、ありがとうございます。 感谢您今天百忙之中抽出时间。 오늘은 바쁘신 중에 감사합니다.

= 今日（きょう）

116 □ 名	明日（あす） 明天 내일	明日（あす）の3時（じ）に、そちらにうかがいます。 明天 3 点我来拜访您。 내일 3 시에 그 쪽을 방문하겠습니다.
117 □ 名	前日（ぜんじつ） 前一天 전날	会議（かいぎ）の前日（ぜんじつ）に準備（じゅんび）をする。 开会前一天做准备。 회의의 전날에 준비를 한다.
118 □ 名	翌日（よくじつ） 次日，第二天 다음날	誕生日（たんじょうび）の翌日（よくじつ）に、韓国（かんこく）に出張（しゅっちょう）した。 过完生日的第二天，我就去韩国出差了。 생일 다음날 한국에 출장을 갔다.

＋ 翌週（よくしゅう） 下一周 / 다음 주・翌月（よくげつ） 下一个月 / 다음 달・翌年（よくとし/ねん） 次年，下一年 / 이듬해

119 □ 名	しあさって 大后天 글피	私（わたし）の誕生日（たんじょうび）は、しあさってだ。 我大后天生日。 내 생일은 글피다.
120 □ 名	先（さき）おととい 大前天 그끄저께	先（さき）おととい、高校（こうこう）のクラス会（かい）があった。 大前天，我们高中同学聚会。 그끄저께 고등학교 동창회가 있었다.
121 □ 名	昨日（さくじつ） 昨天 어제	昨日（さくじつ）は、いろいろとお世話（せわ）になりました。 昨天真是谢谢您了。 어제는 여러가지 신세를 졌습니다.

＋ おととい／一昨日（いっさくじつ） 前天 / 그제 / 그저께

122 □ 名

昨年 さくねん

去年
작년

昨年の5月に日本にまいりました。

去年5月，我来到了日本。
작년 5 월에 일본에 갔었습니다.

➕ おととし／一昨年(いっさくねん) 前年 / 재작년

123 □ 名

先日 せんじつ

前几天
일전

A「先日は、どうもありがとうございました。」
B「こちらこそ、どうも。」

A：前几天真的谢谢了。
B：彼此彼此。
A "일전에는 정말 감사했습니다."
B "저야말로 정말."

124 □ 名

再来週 さらいしゅう

下下周
다다음 주

再来週は仕事が忙しくなりそうだ。

看来下下周工作会很忙。
다다음 주는 일이 바빠질 것 같다.

➕ 再来月(さらいげつ) 下下个月 / 다음다음 달・再来年(さらいねん) 后年 / 다음다음 해

125 □ 名

先々週 せんせんしゅう

上上周
지지난 주

先々週の試験が、今日やっと返ってきた。

上上周考的试，今天终于发试卷了。
지지난 주 시험이 오늘 겨우 돌아왔다.

➕ 先々月(せんせんげつ) 上上个月 / 지지난 달

126 □ 名

上旬 じょうじゅん

上旬
상순

来月の上旬、タイに旅行に行きます。

下个月上旬，我要去泰国旅行。
다음 달 상순 태국 여행을 갑니다.

➕ 初旬(しょじゅん) 上旬 / 초순

127 □ 名

中旬 ちゅうじゅん

中旬
중순

今月の中旬までにレポートを出してください。

请在本月中旬之前提交报告。
이달 중순까지 보고서를 내주세요.

128 □ 名

下旬 げじゅん

下旬
하순

毎月下旬になると、給料が楽しみだ。

每月一到下旬，我就盼着发工资。
매월 하순이 되면 월급이 기대된다.

129 □ 名

深夜（しんや）

深夜
심야

深夜（しんや）になると、大（おお）きな声（こえ）が聞（き）こえる。

到了深夜，我就听见巨大的声音。
심야의 시간이 되면 큰 소리가 들린다.

＝ 真夜中（まよなか）　＋ 深夜番組（しんやばんぐみ） 深夜节目 / 심야 프로그램

130 □ 名

未来（みらい）

未来
미래

子（こ）どもたちの明（あか）るい未来（みらい）を考（かんが）えよう。

想一想孩子们光明的未来吧。
아이들의 밝은 미래를 생각하자.

＋ 将来（しょうらい） 将来 / 장래

“将来”用于表示个人的、近期将发生的事情，而“未来”用于全球大事等更广的范围。
"将来"는 가까운 미래의 일로 개인적인 일에 사용하지만, "未来"는 지구나 세계 등 넓은 의미에서 사용한다.

131 □ 名

数日（すうじつ）

数日
며칠

土曜日（どようび）から数日（すうじつ）は、天気（てんき）が悪（わる）いそうだ。

据说，从周六开始，连续几天的天气将会很糟糕。
토요일부터 며칠은 날씨가 나쁘다고 한다.

＋ 数か月（すうげつ） 数月 / 몇 달・数年（すうねん） 数年 / 몇 년・数回（すうかい） 数次 / 몇 번

用于不知道确切的数值或表示一个相当少的数量时。
확실한 숫자를 모르거나 말하지 않지만 "그다지 많지 않은 수"를 의미한다.

132 □ 名

以降（いこう）

之后
이후

大地震（おおじしん）以降（いこう）、水（みず）を買（か）っておくようになった。

发生大地震之后，人们开始买水备着了。
대지진 이후 물을 사두게 되었다.

＋ 以後（いご） 以后 / 이후・以来（いらい） 以来 / 이래・以前（いぜん） 以前 / 이전

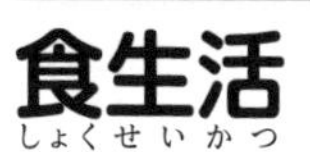

食生活
しょくせいかつ

饮食 / 식생활

133 □ 名

朝食（ちょうしょく）
早饭
아침 식사

忙（いそが）しくても、朝食（ちょうしょく）は食（た）べたほうがいい。
再忙，早饭还是要吃。
바빠도 아침 식사는 먹는 편이 좋다.

= 朝（あさ）ごはん

134 □ 名

モーニング
早上
모닝세트

あの店（みせ）のモーニングセットは、安（やす）くておいしい。
那家店的早饭套餐既便宜又好吃。
그 가게의 모닝세트는 저렴하고 맛있다.

135 □ 名

昼食（ちゅうしょく）
午饭
점심 식사

忙（いそが）しいので、昼食（ちゅうしょく）はいつもサンドイッチです。
因为忙，所以我总是吃三明治当午饭。
바빠서 점심 식사는 항상 샌드위치입니다.

= [お] 昼（ひる）ごはん

136 □ 名

ランチ
午餐
점심

ここのランチメニューは、おいしそうだ。
这里的午饭菜单上的菜看起来很好吃。
여기의 점심 메뉴는 맛있을 것 같다.

137 □ 名

夕食（ゆうしょく）
晚饭
저녁 식사

今日（きょう）の夕食（ゆうしょく）は、ちょっと遅（おそ）くなりそうだ。
看来今天的晚饭会晚一些。
오늘 저녁 식사는 조금 늦어질 것 같다.

= 晩（ばん）ごはん

138 □ 名

ディナー
晚餐
디너 (저녁 만찬)

昨日（きのう）のディナーは高級（こうきゅう）レストランで食（た）べた。
昨天，我在高级餐厅吃了晚饭。
어제 디너 (저녁 만찬) 는 고급 레스토랑에서 먹었다.

“ディナー”表示特级的、高档的晚餐。
"ディナー"를 사용하는 경우, 고급 음식이라는 이미지가 있다.

139 □ 名	デザート **甜点** **디저트**	おなかがいっぱいだが、デザートは食(た)べられる。 虽然我肚子饱了，但还能吃得下甜点。 배가 불렀지만 디저트는 먹을 수 있다.
140 □ 名	おやつ **点心** **간식**	もうすぐ3時(じ)、おやつの時間(じかん)ですよ。 快到 3 点茶歇时间了。 조금 있으면 3 시, 간식 시간이에요.
141 □ 名	おかず **菜** **반찬**	毎日(まいにち)のおかずを考(かんが)えるのは大変(たいへん)だ。 每天考虑吃什么菜是一件头疼事。 매일 반찬을 뭘 만들까 생각하는 것은 힘들다.
142 □ 名	[お] 弁当(べんとう) **盒饭** **도시락**	毎日(まいにち)、会社(かいしゃ)に弁当(べんとう)を持(も)って行(い)く。 我每天带盒饭去公司。 매일 회사에 도시락을 가지고 간다.
143 □ 名	自炊(じすい)〈する〉 **自己做饭** **자취 < 하다 >**	日本(にほん)に来(き)てから、自炊(じすい)を始(はじ)めた。 自从来到日本，我就开始自己做饭吃了。 일본에 온 이후 자취를 시작했다.
144 □ 名	外食(がいしょく)〈する〉 **在外吃饭** **외식 < 하다 >**	週末(しゅうまつ)は外食(がいしょく)することがある。 周末我有时会出去吃饭。 주말은 외식 할 때도 있다.
145 □ 名	グルメ **美食家，吃货** **구르메 / 미식가 / 식통**	彼(かれ)はグルメで、いろいろな店(みせ)を知(し)っている。 他是一个美食家，知道各种各样的店。 그는 미식가로 다양한 음식점을 알고 있다.
146 □ 動	おごる **请客** **한턱내다 / 사주다 / 대접하다**	ボーナスをもらったので、妹(いもうと)にディナーをおごった。 我领到奖金了，就请妹妹吃了一顿晚餐。 보너스를 받아서 여동생에게 저녁을 한턱냈다.

＝ ごちそうする　＋ おごり 请客 / 한턱을 냄

No.	語	例文
147 □ 名	食欲（しょくよく）	最近（さいきん）、あまり食欲（しょくよく）がない。
	食欲	最近没什么食欲。
	식욕	최근 그다지 식욕이 없다.
148 □ 名	注文（ちゅうもん）〈する〉	先（さき）に飲（の）み物（もの）を注文（ちゅうもん）しましょう。
	点菜	我们先点喝的吧。
	주문 <하다>	먼저 마실 것을 주문하자.
149 □ 名	乾杯（かんぱい）〈する〉	ワインで乾杯（かんぱい）しましょう。
	干杯	让我们干了这一杯红酒。
	건배 <하다>	와인으로 건배합시다.
150 □ 動	かむ	食事（しょくじ）のときは、よくかみましょう。
	咬，嚼	吃饭时要好好嚼。
	깨물다 / 씹다	식사 때는 잘 씹어서 먹읍시다.
151 □ 動	味（あじ）わう	おいしい料理（りょうり）は、よく味（あじ）わって食（た）べよう。
	品尝	吃好吃的菜时，要好好地品尝。
	맛보다	맛있는 음식은 잘 맛보면서 먹자.
152 □ 名	お代（か）わり〈する〉	みそ汁（しる）がおいしくて、お代（か）わりした。
	再来一碗	味噌汤好喝，我又来了一碗。
	하나 더 주문하다	된장국이 맛있어서 하나 더 주문했다.
153 □ 動	残（のこ）す	ごはんが多（おお）すぎて、少（すこ）し残（のこ）した。
	剩下	米饭太多，我剩了一点。
	남기다	밥이 너무 많아서 조금 남겼다.
154 □ 名	残（のこ）り物（もの）	今日（きょう）の残（のこ）り物（もの）は、明日（あした）食（た）べよう。
	剩下的东西	今天吃剩的明天吃吧。
	남은 음식	오늘 남은 음식은 내일 먹자.
155 □ イ形	もったいない	食（た）べ物（もの）を残（のこ）すなんて、もったいない。
	浪费	东西不吃完，浪费。
	아깝다	음식을 남기다니 아깝다.

156 □ 動

済ませる（す）

今日の昼ごはんはコンビニ弁当で済ませた。（きょう・ひる・べんとう・す）

使完成；将就
마치다 / 끝내다 / 때우다

今天的午饭，我在便利店买了便当将就了一顿。
오늘의 점심은 편의점 도시락으로 때웠다.

＝ 済ます（す）

157 □ 動

済む（す）

①もう晩ごはんの準備は済んだ。（ばん・じゅんび・す）
②弁当を作れば、安く済む。（べんとう・つく・やす・す）

完；可以；解决
끝나다 / 해결되다

①晚饭已经准备好了。
②做盒饭的话，花很少的钱就可以了。
① 이미 저녁밥 준비는 끝났다.
② 도시락을 만들면, 싸게 해결된다.

①完成 ②足够，可以 / ① 끝나다 ② 충분하다

158 □ 名

量（りょう）

この店のスパゲッティは、量が少ない。（みせ・りょう・すく）

量
양

这家店的意大利面量很少。
이 음식점의 스파게티는 양이 적다.

159 □ 名

バランス

食事は、肉と野菜のバランスが大切だ。（しょくじ・にく・やさい・たいせつ）

平衡
균형

吃饭的关键是肉和蔬菜要均衡。
식사는 고기와 야채의 균형이 중요하다.

料理の道具と材料
りょうり どうぐ ざいりょう

烹饪用具及材料 / 요리 도구와 재료

160 □ 名

なべ

スーパーで、大(おお)きななべを買(か)った。

锅 / 냄비

我在超市买了一口大锅。
슈퍼에서 큰 냄비를 샀다.

161 □ 名

フライパン

フライパンで、オムレツを作(つく)った。

平底锅 / 프라이팬

我用平底锅做鸡蛋卷。
프라이팬으로 오믈렛을 만들었다.

162 □ 名

包丁(ほうちょう)

私(わたし)の家(いえ)には包丁(ほうちょう)が1本(いっぽん)しかない。

菜刀 / 부엌칼

我家只有一把菜刀。
우리 집에는 부엌칼이 1 자루 밖에 없다.

163 □ 名

まな板(いた)

うちのまな板(いた)は、木(き)でできている。

砧板 / 도마

我家的砧板是木制的。
우리 집 도마는 나무로 되어 있다.

164 □ 名

おたま

おたまでカレーを、よく混(ま)ぜてください。

长柄勺 / 국자

请用长柄勺把咖喱搅拌均匀。
국자로 카레를 잘 섞어 주세요.

165 □ 名

しゃもじ

このしゃもじは、ごはんがつきにくい。

饭勺 / 주걱

这种饭勺不容易粘饭粒。
이 주걱은 밥알이 잘 붙지 않는다.

166 □ 名

大(おお)さじ

まず、砂糖(さとう)を大(おお)さじ2杯(はい)入(い)れてください。

大汤匙 / 큰술 / 큰 스푼

首先，请放入两汤匙的糖。
먼저 설탕을 큰 스푼으로 두 숟가락 넣어 주세요.

➕ 小(こ)さじ 小匙 / 작은술 / 작은 스푼・カップ 量杯，杯 / 컵

167 □ 名	炊飯器（すいはんき） 电饭锅 전기밥솥	炊飯器（すいはんき）で、ごはんを炊（た）く。 用电饭锅煮饭。 전기밥솥으로 밥을 짓는다.

➕ 炊（た）く 煮 / 밥을 짓다

168 □ 名	流し台（ながしだい） 洗碗池 싱크대	この流し台（ながしだい）は石（いし）でできている。 这个洗碗池是用石头做的。 이 싱크대는 돌로 되어 있다.
169 □ 名	電子レンジ（でんしレンジ） 微波炉 전자레인지	電子レンジ（でんしレンジ）の「チン」という音（おと）が聞（き）こえた。 听到微波炉“叮”地响了一声。 전자레인지의 " 찡 " 하는 소리가 들렸다.
170 □ 名	ガスレンジ 煤气灶 가스레인지	ガスレンジから変（へん）な臭（にお）いがする。 煤气灶散发出奇怪的臭味。 가스레인지에서 이상한 냄새가 난다.
171 □ 名	調味料（ちょうみりょう） 调味料 조미료	台所（だいどころ）に調味料（ちょうみりょう）が、たくさんある。 厨房里有许多调味料。 부엌에 조미료가 많다.

➕ こしょう 胡椒 / 후추・酢（す） 醋 / 식초

172 □ 名	サラダ油（サラダあぶら） 色拉油 식용유	サラダ油（あぶら）を買（か）って来（く）るのを忘（わす）れた。 我忘记买色拉油回来了。 식용유를 사 오는 것을 잊었다.

＝ サラダオイル

173 □ 名	食品（しょくひん） 食品 식품	食品（しょくひん）は近所（きんじょ）のスーパーで買（か）う。 我在附近的超市买食品。 식품은 근처의 슈퍼에서 살 수 있습니다.

＝ 食料品（しょくりょうひん） ➕ インスタント食品（しょくひん） 速食品 / 인스턴트 식품・レトルト食品（しょくひん） 蒸煮袋包装的食品 / 레토르트 식품

174 □ 動 切らす(き)
用光
바닥내다 / 끊어진 상태가 되다 / 떨어뜨리다

しょうゆを切らしたので、コンビニに買いに行った。
酱油用光了，所以我去了便利店买酱油。
간장을 다 써서 편의점에 사러 갔다 .

＋ (～が) 切れる 用光 / (～ 이) 바닥나다 / 떨어지다

175 □ 動 くさる
腐烂，坏
썩다 / 부패하다

冷蔵庫の牛乳が、くさっていた。
冰箱里的牛奶坏了。
냉장고의 우유가 썩어 있었다 .

176 □ 名 アルミホイル
铝箔
알루미늄 포일

アルミホイルで包んで、魚を焼く。
先把鱼用铝箔包住，再烤。
알루미늄 포일로 싸서 생선을 굽는다 .

177 □ 名 ラップ〈する〉
保鲜膜
랩 < 하다 >

残ったものはラップして、冷蔵庫に入れておく。
剩下的东西用保鲜膜包好，放入冰箱保存。
남은 것은 랩을 해서 냉장고에 넣어 둔다 .

178 □ 名 おしぼり
擦手巾
물수건

かにを食べるときは、おしぼりが必要だ。
吃螃蟹时需要擦手巾。
게를 먹을 때는 물수건이 필요하다 .

179 □ 名 食器(しょっき)
餐具
식기

クリスマスの料理に合う食器を選ぶ。
选择适合圣诞节菜肴的餐具。
크리스마스 요리에 맞는 식기 / 그릇을 선택한다 .

180 □ 名 茶わん(ちゃ)
饭碗；茶杯
찻그릇

一人暮らしのために、新しい茶わんを買った。
因为要一个人生活了，所以我买了新的饭碗。
독신 생활 시작하기 때문에 , 새 그릇을 샀다 .

＋ 湯のみ 茶碗 / 찻잔

“湯のみ”是喝茶用的，而“茶わん”是装饭、茶或其他各种食物的器具。
" 湯のみ " 는 차를 마실 때 사용한다 . " 茶わん " 은 밥 , 차 등 다양한 그릇의 의미 .

181 □ 名 グラス
玻璃杯
유리컵

ビールを飲むグラスは、どれがいいですか。
喝啤酒要用哪个玻璃杯?
맥주를 마시는 유리컵은 어느 것이 좋습니까 .

Section 4

料理の作り方

りょうり　つく　かた

烹饪方法 / 요리하는 방법

No.	語彙	例文
182 □ 動	刻む（きざ） 切碎 잘게 썰다	野菜を細かく刻みます。（やさい こま きざ） 把蔬菜切碎。 야채를 잘게 썹니다.
183 □ 動	（卵を）割る（たまご わ） 打破（蛋） (계란) 깨다	卵を3つ、割ってください。（たまご みっ わ） 请打 3 个蛋。 계란 3 개를 깨 주십시오.
184 □ 動	むく 剥，削 (껍질 따위를) 벗기다	じゃがいもの皮をむいたら、小さく切ります。（かわ ちい き） 土豆削皮，切小块。 감자 껍질을 벗기고, 작은 크기로 자릅니다.
185 □ 動	加える（くわ） 加 보태다 / 더하다 / 추가하다 / 넣다	なべに水を200ミリリットル加えます。（みず にひゃく くわ） 往锅里加 200 毫升水。 냄비에 물을 200 밀리리터 넣습니다.
186 □ 副	少々（しょうしょう） 少许 조금	塩とこしょうを少々入れます。（しお しょうしょう い） 放入少许盐和胡椒。 소금과 후추를 조금 넣습니다.
187 □ 動	揚げる（あ） 炸 튀기다	180度の油で、しっかり揚げます。（ひゃくはちじゅう ど あぶら あ） 用 180 度油炸透。 180 도의 기름으로 충분히 튀깁니다.
188 □ 動	煮る（に） 煮，炖，熬，煨，焖 삶다 / 끓이다 / 조리다	なべにふたをして、30分煮てください。（さんじゅっ ぷん に） 盖上锅盖，焖 30 分钟。 냄비에 뚜껑을 덮고 30 분 졸여 주세요.
189 □ 動	ゆでる 煮，烫，焯 삶다	お湯に塩を入れて、ゆでます。（ゆ しお い） 在热水里放一点盐，焯一下。 끓는 물에 소금을 넣고 삶습니다.

190 □ 動	蒸す（む）	電子レンジで、野菜を蒸します。（でんし、やさい、む）
	蒸 찌다	用微波炉蒸蔬菜。 전자 레인지로 야채를 찝니다.
191 □ 動	くるむ	さくらの葉で、材料をくるみます。（は、ざいりょう）
	包 감싸다	用樱花叶包裹材料。 벚꽃 잎에서 재료를 감쌉니다.

＋ 包む（つつ） 包 / 포장하다

192 □ 動	にぎる	ごはんに梅干しを入れて、にぎります。（うめぼ、い）
	攥（饭团） 쥐다 / 주먹밥을 만들다	把梅干塞进米饭里，攥成饭团。 밥에 우메보시 (매실장아찌) 를 넣어서 주먹밥을 만듭니다.

＋ おにぎり 饭团 / 주먹밥・おむすび 饭团 / 주먹밥

193 □ 動	熱する（ねっ）	フライパンで、５分くらい熱してください。（ふん、ねっ）
	加热 가열하다 / 뜨겁게 하다	请用平底锅加热 5 分钟左右。 프라이팬으로 5 분 정도 가열합니다.

＝ 加熱する（かねつ）

194 □ 動	こげる	焼きすぎて、魚がこげてしまいました。（や、さかな）
	焦，糊 타다 / 눋다	煎过头了，鱼焦了。 너무 구워서 생선이 타 버렸습니다.
195 □ 動	取り出す（と、だ）	電子レンジから、温めた野菜を取り出します。（でんし、あたた、やさい、と、だ）
	取出 꺼내다	把热好的蔬菜从微波炉里取出来。 전자 레인지에서 따뜻하게 데운 야채를 꺼냅니다.
196 □ 動	塗る（ぬ）	パンにバターを塗ります。（ぬ）
	抹，涂 바르다	在面包上抹黄油。 빵에 버터를 바른다.
197 □ 動	温める（あたた）	これは、このままでも温めても、おいしいです。（あたた）
	加热 따뜻하게 데우다	这个直接吃或加热后吃，都好吃。 이것은 이대로도, 따뜻하게 데워도 맛있습니다.

No.	単語	例文
198 □ 動	冷やす（ひ） 冰镇 식히다 / 차게 하다 / 냉각하다	この料理（りょうり）は冷やして（ひ）も、おいしいです。 这道菜冷藏了之后也好吃。 이 요리는 차게 해도 맛있습니다.
199 □ イ形	ぬるい 微温 미지근하다	ぬるいコーヒーは、おいしくないです。 不凉不热的咖啡不好喝。 미지근한 커피는 맛이 없습니다.
200 □ 名	水分（すいぶん） 水分 수분	この野菜（やさい）は水分（すいぶん）が多い（おお）ですね。 这种蔬菜水分好多啊。 이 야채는 수분이 많네요.
201 □ 動	沸かす（わ） 烧开 끓이다	そこのやかんで、お湯（ゆ）を沸かして（わ）ください。 请用那个铁壶烧水。 거기에 있는 주전자로 물을 끓여 주세요.

➕（〜が）沸く（わ） 烧开 / (〜이) 끓다

No.	単語	例文
202 □ 動	注ぐ（そそ） 倒入 붓다 / 따르다	お湯（ゆ）をカップに注ぎ（そそ）、3分（ぷん）待ち（ま）ます。 往杯子里注入热水，等 3 分钟。 뜨거운 물을 컵에 붓고 3 분 기다립니다.
203 □ 名	味見（あじみ）〈する〉 尝味道 맛을 보다 / 간을 보다	途中（とちゅう）でちょっと味見（あじみ）をしてみましょう。 做的过程中稍微尝一尝味道。 도중에 조금 맛을 봅시다.
204 □ 名	手間（てま） 劳力和时间 일을 하는데 드는 수고 / 시간	この料理（りょうり）は手間（てま）がかかりません。 这道菜做起来不费事。 이 요리는 수고 / 시간이 들지 않습니다.
205 □ ナ形	手軽な（てがる） 简单的，轻松的 간편한	家（いえ）でも手軽に（てがる）レストランの料理（りょうり）が作れ（つく）ます。 在家里也能轻松地做出餐厅里的菜肴。 집에서도 간편하게 레스토랑의 요리를 만들 수 있습니다.

206 □ 名

できた上がり (あ)

これで、料理(りょうり)のでき上(あ)がりです。

完成
완성

这样，这道菜就做好了。
이것으로 요리의 완성입니다.

➕ でき上(あ)がる 完成 / 다 되다 / 다 만들어지다 / 완성하다

207 □ 動

分(わ)ける

この料理(りょうり)は、二人(ふたり)で分(わ)けて食(た)べましょう。

分
나누다

咱们俩把这道菜分着吃掉吧。
이 요리는 둘이서 / 두 사람이 나누어 먹읍시다.

208 □ 動

つまむ

それは、はしでつまんで食(た)べてください。

夹
집다

那个请用筷子夹着吃。
그것은 젓가락으로 집어 드세요.

209 □ イ形

塩辛(しおから)い

これは、ちょっと塩辛(しおから)いですね。

咸
짜다

这个有点咸啊。
이것은 조금 짜네요.

〓 しょっぱい

210 □ イ形

すっぱい

私(わたし)は、すっぱいりんごが好(す)きです。

酸
맛이 시다 / 시큼하다

我喜欢酸酸的苹果。
나는 시큼한 사과를 좋아합니다.

211 □ 名

冷凍(れいとう)〈する〉

料理(りょうり)が残(のこ)ったら、冷凍(れいとう)しておきましょう。

冷冻
냉동 <하다>

如果有剩菜，就冷冻保存。
음식이 남으면 냉동해 둡시다.

➕ 冷凍食品(れいとうしょくひん) 冷冻食品 / 냉동식품

Section 5

家事（かじ）

家务活 / 가사 (집안일)

212 □ 動

ちらかる

散乱
어지러지다 / 흩어지다 / 널리다

弟（おとうと）の部屋（へや）に、おもちゃがちらかっている。
弟弟的房间里，玩具到处乱放。
동생의 방에 장난감이 어지러져 있다 .

＋ (〜を) ちらかす 乱扔，弄乱 / (〜 을) 어지르다 / 흩뜨리다

213 □ 動

片（かた）づける

收拾
정리하다 / 치우다

母親（ははおや）「今（いま）すぐ部屋（へや）を片（かた）づけなさい。」
子（こ）ども「ゲームが終（お）わったら、やるよ。」
妈妈：现在马上把房间收拾好。
小孩：我打完游戏就收拾。
어머니 " 지금 방을 치워라 / 정리해라 . "
어린이 " 게임이 끝나면 할게요 ."

＋ (〜が) 片（かた）づく 整理好 / (〜 을) 정돈되다 / 정리되다・片（かた）づけ 整理 / 정리

214 □ ナ形

清潔（せいけつ）な

干净
깨끗한 / 청결한

家（いえ）の中（なか）は、いつも清潔（せいけつ）にしておきたい。
我希望家里始终保持干净。
집 안은 항상 청결히 하고 싶다 .

⇔ 不潔（ふけつ）な

215 □ 動

掃（は）く

打扫
(비로) 쓸다 / 비질하다

毎日（まいにち）、家（いえ）の前（まえ）を掃（は）いている。
每天打扫家门口。
매일 집 앞을 비로 쓸고 있다 .

216 □ 名

ほうき

扫帚
빗자루

ほうきで玄関（げんかん）を掃（は）く。
用扫帚打扫玄关。
빗자루로 현관을 쓸다 .

No.	単語	例文
217 □ 名	ちりとり	掃(は)いたごみを、ちりとりに集(あつ)める。
	簸箕 쓰레받기	把垃圾集中扫进簸箕里。 비로 쓸어 모은 쓰레기를 쓰레받기에 모은다.
218 □ 名	掃除機(そうじき)	うちの掃除機(そうじき)は、音(おと)がとても静(しず)かだ。
	吸尘器 진공청소기	我们家的吸尘器静音效果很好。 우리집 청소기는 소리가 아주 조용하다.
219 □ 動	ふく	食事前(しょくじまえ)に、テーブルをきれいにふく。
	擦 닦다	吃饭之前把桌子擦干净。 식사 전에 테이블을 깨끗이 닦는다.
220 □ 名	ぞうきん	古(ふる)いタオルでぞうきんを作(つく)った。
	抹布 걸레	用旧毛巾做成抹布。 오래된 수건으로 걸레를 만들었다.
221 □ 名	バケツ	もう少(すこ)し大(おお)きなバケツは、ありませんか。
	水桶 양동이	有稍微大一点的水桶吗? 좀 더 큰 양동이는 없습니까?
222 □ 動	しぼる	ぞうきんを、よくしぼってください。
	拧 (물기가 빠지게) 짜다	请把抹布拧干。 물기가 잘 빠지게 걸레를 잘 짜십시오.
223 □ 動	こぼす	バケツの水(みず)をこぼしてしまった。
	洒 흘리다 / 엎지르다	不小心把水桶里的水弄洒了。 물통의 물을 엎질러 버렸다.
		＋ (～が) こぼれる 洒 / (～이) 넘쳐 흐르다 / 흘러내리다
224 □ 名	洗剤(せんざい)	お風呂(ふろ)の掃除(そうじ)には、どんな洗剤(せんざい)がいいですか。
	洗涤剂 세제	打扫浴室要用什么样的洗涤剂才好呢? 욕실 청소에는 어떤 세제가 좋습니까?
225 □ 名	かび	お風呂(ふろ)のかびを取(と)る。
	霉 곰팡이	清除浴室的霉。 욕실의 곰팡이를 제거한다.

226 □ 名	ほこり	窓を開けると、部屋にほこりが入る。(まど あ へや はい)
	灰尘 먼지	一开窗，灰尘就会进入房间。 창문을 열면 방에 먼지가 들어온다.
227 □ 動	みがく	かがみを、きれいにみがく。
	刷 닦다	把镜子刷干净。 거울을 깨끗이 닦는다.
228 □ 名	ブラシ	ブラシで、お風呂を洗う。(ふろ あら)
	刷子 브러쉬	用刷子洗浴室。 브러쉬로 목욕탕을 닦는다.
229 □ 名	あわ	この石けんは、あわがよく出る。(せっ で)
	泡沫 거품	这块肥皂会产生丰富的泡沫。 이 비누는 거품이 잘 난다.
230 □ 動	臭う (にお)	バケツの中の生ごみが臭う。(なか なま にお)
	发臭 냄새나다	水桶里的厨余垃圾发臭了。 양동이 안의 음식물 쓰레기가 냄새난다.

➕ 臭い(にお) 臭味；臭的 / 냄새・匂い(にお) 香味 / 냄새・匂う(にお) 发出香味 / 냄새나다

👉 "臭う"一般用作贬义，"匂う"一般用作褒义。
"臭う"는 일반적으로 불쾌한 냄새, "匂う"는 불쾌하지 않은 냄새에 사용한다.

231 □ 名	洗濯物 (せんたくもの)	毎日、洗濯物が多い。(まいにち せんたくもの おお)
	换洗衣物 빨래	每天要洗很多衣服。 매일 빨래가 많다.
232 □ 名	汚れ (よご)	この洗剤は、汚れがよく落ちる。(せんざい よご お)
	污垢，脏 얼룩 / 더러움 / 더러워진 곳	这种洗衣粉能洗净污垢。 이 세제는 얼룩이 잘 빠진다.

➕ 汚れる(よご) 脏了 / 더러워지다 / 때묻다

233 □ 動	干す (ほ)	天気がいいので、洗濯物を外に干そう。(てんき せんたくもの そと ほ)
	晒干，弄干 말리다 / 널다	天气很好，把衣服拿到外面晒干吧。 날씨가 좋으니까 빨래를 밖에 말리자.

234 □ 名

乾燥〈する〉（かんそう）

厚い（あつ）バスタオルは、乾燥機（かんそうき）で乾燥（かんそう）させる。

干燥
건조 < 하다 >

厚浴巾要用烘干机烘干。
두꺼운 목욕 타월은 건조기로 건조시킨다.

＋ 乾燥機（かんそうき） 烘干机 / 건조기

235 □ 動

たたむ

息子（むすこ）は自分（じぶん）で洗濯物（せんたくもの）をたたむ。

叠
접다 / 개다 / 개키다

儿子自己把洗好的衣服叠起来。
아들은 자기가 빨래를 갠다.

236 □ 名

アイロン

娘（むすめ）はアイロンをかけるのが上手（じょうず）だ。

熨斗
다리미

女儿熨衣服熨得很好。
딸은 다리미질을 잘한다.

237 □ 動

敷く（し）

たたみの部屋（へや）に、ふとんを敷（し）いて寝（ね）ている。

铺
깔다

在榻榻米房间里铺上被褥睡觉。
다다미 방에 이불을 깔고 자고 있다.

238 □ 名

育児（いくじ）

働（はたら）きながら育児（いくじ）をするのは大変（たいへん）だ。

育儿
어린이를 키우는 것 / 육아

边工作边带孩子很辛苦。
일하면서 육아를 하는 것은 힘들다.

＝ 子育て（こそだ）

239 □ 動

（人（ひと）を）起（お）こす

毎朝（まいあさ）6時（じ）に、子（こ）どもを起（お）こす。

（把人）叫醒
(사람을) 깨우다 / 일으키다

我每天早上 6 点叫小孩起床。
매일 아침 6 시에 아이를 깨운다.

240 □ 名

糸（いと）

黒（くろ）い糸（いと）でボタンをつけた。

线
실

我用黑色的线缝了扣子。
검은 실로 버튼 (단추) 을 달았다.

241 □ 名

針（はり）

針（はり）に糸（いと）を通（とお）すのは、とても難（むずか）しい。

针
바늘

穿针很难。
바늘에 실을 꿰는 것은 매우 어렵다.

242 □ 名	生ごみ（なま）	夏（なつ）は、生ごみ（なま）がすぐに臭（にお）う。
	厨余垃圾 음식물 쓰레기	夏天，厨余垃圾很快会发臭。 여름은 음식물 쓰레기가 바로 냄새난다.

➕ 燃（も）えるごみ 可燃垃圾 / 가연 쓰레기 / 타는 쓰레기・
燃（も）えないごみ 不可燃垃圾 / 불연 쓰레기 / 타지 않는 쓰레기

243 □ 名	空（あ）き缶（かん）	水曜日（すいようび）は、空（あ）き缶（かん）を捨（す）てる日（ひ）だ。
	空罐 빈 깡통	周三是扔空罐的日子。 수요일은 빈 깡통을 버리는 날이다.

➕ 空（あ）きびん 空瓶 / 빈병

244 □ 動	（ごみを）出（だ）す	決（き）められた日（ひ）に、ごみを出（だ）す。
	拿出，扔（垃圾） (쓰레기를) 버리다 / 내놓다	在规定的日子里把垃圾拿出去。 정해진 날에 쓰레기를 내놓는다.

あいさつ

打招呼 / 인사

▶ **会社で仕事中に同僚と** 在公司，面对正在工作的同事 / 회사에서 업무 중에 동료와

A「お疲れさまです。」

B「お疲れさまです。」

A：辛苦了。/ 수고하십니다.

B：辛苦了。/ 수고하십니다.

▶ **仕事が終わって帰るとき** 结束工作要回家时 / 일을 끝내고 돌아갈 때

A「お疲れさまでした。」

B「お先に失礼します。」

A：辛苦了。/ 수고하셨습니다.

B：我先走了。/ 먼저 실례합니다.

▶ **目下や外部の人へのひとこと** 面对下级或公司外部人员 / 아랫 사람이나 외부의 사람에게 한마디

A「宅配便です。」

B「ご苦労さまです。」

A：您的快递。/ 택배입니다.

B：辛苦了。/ 수고하십니다.

不能对上级说“ご苦労さま（です)”。
" ご苦労さま（です）" 는 윗사람에는 사용할 수 없다.

▶ **長い間会わなかった人に** 面对很久没见的人 / 오랫동안 만나지 못했던 사람에게

A「ご無沙汰しています。」

B「本当にお久しぶりですね。」

A：好久不见。/ 오랫동안 연락 못 드렸습니다.

B：真的好久不见了。/ 정말 오랜만이네요.

▶ **知り合いの家に招待されて** 受邀去朋友家时 / 지인의 집에 초대되어

A「コーヒーと紅茶、どちらがいいですか。」
B「おかまいなく。」

A：你喝咖啡还是红茶? / 커피와 홍차 어느 쪽이 좋습니까 ?

B：不用麻烦了。/ 신경 쓰지 마시고요 , 괜찮습니다 .

A「遠慮なさらないでください。」
B「じゃ、遠慮なく。コーヒーをお願いします。」

A：别客气。/ 사양하시지 마십시오 .

B：那我就不客气了。我喝咖啡。/ 그럼 , 사양치 않고 커피를 부탁드리겠습니다 .

▶ **年末** 年末 / 연말

A「今年もお世話になりました。よいお年を。」
B「こちらこそお世話になりました。A さんもよいお年を。」

A：今年承蒙关照了。祝您过一个好年。/ 올해도 신세를 졌습니다 . 좋은 새해를 맞이하세요 .

B：彼此彼此。也祝您过一个好年。/
저야말로 신세를 졌습니다 . A 씨도 좋은 새해를 맞이하세요 .

▶ **年始** 新年伊始 / 연시

A「明けましておめでとうございます。今年もよろしくお願いします。」
B「明けましておめでとうございます。こちらこそ、よろしくお願いします。」

A：新年好！今年还请多多关照。/ 새해 복 많이 받으세요 . 올해도 잘 부탁합니다 .

B：新年好！彼此彼此。/ 새해 복 많이 받으세요 . 저야말로 잘 부탁합니다 .

N3

Chapter 3

毎日の暮らし②
まいにち　く

日常生活②
일상생활 ②

単語 No.
たんご

家（いえ）

家 / 집

245 □ 名

住まい（す）	インターネットで、住まい（す）を探（さが）す。
住处 주거 / 집	在网上找住处。 인터넷으로 집을 찾는다.

246 □ 名

リビング	リビングが広（ひろ）いので、この部屋（へや）に決（き）めた。
起居室，客厅 리빙룸 (거실)	我定了这套房，因为起居室很宽敞。 거실이 넓기 때문에 이 집으로 결정했다.

247 □ 名

居間（いま）	家族（かぞく）みんなで、居間（いま）でテレビを見（み）る。
起居室，客厅 거실	全家人一起在客厅看电视。 가족 모두가 거실에서 텔레비전을 본다.

248 □ 名

家電（かでん）	引（ひ）っ越（こ）したとき、新（あたら）しい家電（かでん）を買（か）った。
家电 가전제품	搬家后，我买了新的家电。 이사 때 새로운 가전제품을 샀다.

249 □ 名

エアコン	このエアコンは電気代（でんきだい）が安（やす）い。
空调 에어컨	这款空调耗电低。 이 에어컨은 전기 요금이 싸다.

➕ 暖房（だんぼう） 暖气设备 / 난방・ヒーター 暖气设备 / 히터

250 □ 名

クーラー	私（わたし）の国（くに）は暑（あつ）いので、クーラーしかない。
冷气 쿨러	我们国家很热，所以只有冷气。 우리나라는 덥기 때문에, 에어컨에 쿨러 기능밖에 없다.

➕ 冷房（れいぼう） 冷气设备 / 냉방

“エアコン”包括冷气和暖气，而“クーラー”只是冷气。
"エアコン"은 난방과 냉방 양쪽 기능이 있고, "クーラー"는 냉방 기능뿐.

251 □ 動

暖（あたた）める	寒（さむ）いので、ヒーターで暖（あたた）めた。
温，热 따뜻하게 하다	好冷，我开了暖气暖和暖和。 춥기 때문에 난방으로 따뜻하게 했다.

252 □ 名	天井 (てんじょう) 天花板 천장	このマンションは、天井(てんじょう)が高(たか)い。 这栋住宅楼的天花板比较高。 이 아파트는 천장이 높다.
253 □ 名	床 (ゆか) 地板 바닥	リビングの床(ゆか)には、何(なに)も敷(し)いていない。 起居室的地板上什么都没有铺。 거실 바닥에 아무것도 깔지 않았다.
254 □ 名	カーペット 地毯 카펫	たたみの上(うえ)に、カーペットを敷(し)いている。 榻榻米上铺着地毯。 다다미 위에 카펫을 깔고 있다.

= じゅうたん

255 □ 名	ざぶとん 坐垫 방석	お客(きゃく)さんのためのざぶとんを買(か)いに行(い)く。 我要去买客人用的坐垫。 손님을 위한 방석을 사러 간다.
256 □ 名	ソファー 沙发 소파	テレビを見(み)るときは、ソファーに座(すわ)る。 看电视时，我会坐在沙发上。 텔레비전을 볼 때는 소파에 앉는다.
257 □ 名	クッション 靠垫 쿠션	ソファーに合(あ)うクッションを買(か)った。 我买了搭配沙发的靠垫。 소파에 맞는 쿠션을 샀다.
258 □ 動	どかす 挪开；躲开 다른 곳으로 옮기다	その車(くるま)をどかしてください。 请挪一下那辆车。 그 차를 다른 곳으로 옮겨 주세요.

+ (～が) どく 挪到旁边 / (～이) 옮겨지다

259 □ 名	コンセント 插座 콘센트	この部屋(へや)はコンセントが多(おお)くて、便利(べんり)だ。 这个房间里插座多，很方便。 이 방은 콘센트가 많아 편리하다.

No.	語	例文
260 □ 名	スイッチ 开关 스위치	暗くて、スイッチがどこかわからない。 好暗，我不知道开关在哪里。 어두워서 스위치가 어디 있는지 모르겠어요.
261 □ 名	ドライヤー 电吹风 헤어드라이어	ドライヤーは小さいほうがいい。 电吹风小的好。 헤어드라이어는 작은 것이 좋다.
262 □ 名	蛇口（じゃぐち） 水龙头 수도꼭지	お風呂に蛇口が二つ、ついている。 浴室里安了两个水龙头。 목욕탕에 수도꼭지가 두 개 붙어 있다.
263 □ 動	ひねる 拧 틀다 / 비틀다	右の蛇口をひねると、お湯が出てくる。 拧开右边的水龙头，就会出热水。 오른쪽 수도꼭지를 틀면 뜨거운 물이 나온다.
264 □ 名	実家（じっか） 老家 친정집	週末は実家に帰る。 我周末回老家。 주말은 친정집에 돌아간다.
265 □ 名	家賃（やちん） 房租 집세	私のマンションは家賃が高い。 我这套房子的房租贵。 내 아파트는 집세가 비싸다.
266 □ 名	物置（ものおき） 杂物间 창고	物置にスキーの道具を入れている。 滑雪用具放在杂物间里。 창고에 스키 도구를 넣어 두었다.
267 □ 名	日当たり（ひあたり） 向阳 양지	広くて、日当たりのいい部屋に住みたい。 我想住在宽敞、向阳的房间里。 넓고 양지 바른 집에서 살고 싶다.
268 □ 名	内側（うちがわ） 里面 내부	この家は古いが、内側はきれいだ。 这个房子虽然古旧，但里面很干净。 이 집은 오래됐지만 내부는 깨끗하다.

⟷ 外側（そとがわ）　＋ 内部（ないぶ） 内部 / 내부

Section 2

お金と銀行
かね　ぎんこう

钱和银行 / 돈과 은행

269 [お] 札（さつ） 名	日本のお札は、千円から一万円までである。
纸币 / 지폐	日本的纸币是从一千日元到一万日元的。 일본의 지폐는 천엔에서 만엔까지 있다.

＝ 紙へい（し）

270 コイン 名	海外のコインを集めるのが好きだ。
硬币 / 동전	我喜欢收集国外的硬币。 해외 동전을 모으는 것을 좋아한다.

＝ 硬貨（こうか）

271 小銭（こぜに） 名	財布に小銭がない。
零钱 / 동전	钱包里没有零钱。 지갑에 동전이 없다.
272 生活費（せいかつひ） 名	日本は生活費が高い。
生活费 / 생활비	日本的生活费很高。 일본은 생활비가 비싸다.
273 食費（しょくひ） 名	1か月の食費は２万円ぐらいだ。
伙食费 / 식비	每个月伙食费大约两万日元。 한 달 식비는 2 만엔 정도다.
274 光熱費（こうねつひ） 名	日本は光熱費が高い。
煤电费 / 광열비	日本的煤电费很贵。 일본은 광열비가 비싸다.
275 交際費（こうさいひ） 名	友だちとよく飲みに行くので、交際費がかかる。
交际开销 / 교제비	我常和朋友一起喝酒，所以有一些交际上的开销。 친구들과 자주 술을 마시러 가기 때문에 교제비가 든다.

276 □ 名

公共料金（こうきょうりょうきん）

この国は公共料金が安い。

公共事业费 / 这个国家的公共事业费比较低。

공공요금 / 이 나라는 공공요금이 싸다.

277 □ 名

［お］こづかい

1か月のこづかいは3万円だ。

零花钱 / 每个月零花钱是 3 万日元。

용돈 / 한 달 용돈은 3 만엔이다.

278 □ 名

節約〈する〉（せつやく）

旅行のために節約している。

节约 / 为了旅行，我正在省吃俭用。

절약 <하다> / 여행을 위해 절약하고 있다.

279 □ 名 ナ形

ぜいたく〈な / する〉

今はまだ学生なので、ぜいたくはできない。(名)

ぜいたくな生活に、あまり興味がない。(ナ形)

奢侈，浪费；过分讲究 / 사치 <스런 / 하다>

我现在还是学生，所以不能太奢侈。

我对奢华的生活不太感兴趣。

지금은 아직 학생이기 때문에 사치는 할 수 없다.

사치스런 생활에 그다지 관심이 없다.

280 □ 名

割り勘（わりかん）

今日は割り勘にしよう。

AA 制 / 今天我们 AA 吧。

더치 페이 (각자 부담) / 오늘은 각자 부담하자.

281 □ 名

レンタル〈する〉

結婚式のドレスは、レンタルにした。

租赁 / 我决定租婚礼礼服。

대여 <하다> / 웨딩 드레스는 대여했다.

➕ レンタルビデオ 出租录像带 / 렌털 비디오

282 □ 動

支払う（しはらう）

コンビニで、公共料金を支払うことができる。

支付 / 可以在便利店缴纳公共事业费。

지불하다 / 편의점에서 공공요금을 지불할 수있다.

283 □ 名

支払い（しはらい）

公共料金の支払いを忘れていた。

支付 / 我忘记交公共事业费了。

지불 / 공공요금의 지불을 잊었다.

284 □ 勘定〈する〉(かんじょう)

名

客「お勘定は、どこでしますか。」(きゃく・かんじょう)
店員「レジでお願いします。」(てんいん・ねが)

结账
대금 계산 < 하다 >

客人：在哪里结账？
店员：收银台。
고객 " 대금 계산은 어디서 합니까 ?"
점원 " 계산대에서 부탁합니다 ."

285 □ 口座(こうざ)

名

初めて自分の口座を開いた。(はじ・じぶん・こうざ・ひら)

账户
계좌

我开了自己的第一个账户。
처음으로 내 계좌를 열었다 .

= 銀行口座(ぎんこうこうざ)

286 □ キャッシュカード

名

銀行からキャッシュカードが届いた。(ぎんこう・とど)

借记卡
현금 카드

银行寄来了借记卡。
은행에서 현금 카드가 도착했다 .

287 □ 暗証番号(あんしょうばんごう)

名

カードの暗証番号を忘れてしまった。(あんしょうばんごう・わす)

密码
비밀번호

我忘记卡的密码了。
카드의 비밀번호를 잊어버렸다 .

288 □ 預金〈する〉(よきん)

名

銀行に100万円預金した。(ぎんこう・ひゃくまんえん・よきん)

存款
예금 < 하다 >

我在银行里存了 100 万日元。
은행에 100 만엔 예금했다 .

＋ **貯金〈する〉**(ちょきん) 存款 / 저금 < 하다 > ・ **預金通帳**(よきんつうちょう) 存折 / 예금 통장・ **貯金通帳**(ちょきんつうちょう) 存折 / 저금통장

289 □ ためる

動

会社員になったら、お金をためるつもりだ。(かいしゃいん・かね)

存，积攒
(돈을) 모으다

我打算进了公司就存钱。
회사원이 되면 돈을 모을 계획이다 .

290 □ たまる

動

節約しても、なかなかお金がたまらない。(せつやく・かね)

积攒
(돈이) 모이다

省吃俭用也存不下多少钱。
절약해도 좀처럼 돈이 모이지 않는다 .

291 □ 動

引き出す（ひ だ）

取出
인출하다

大きな買い物をするので、お金を引き出した。
（おお か もの かね ひ だ）

我要花一大笔钱买东西，于是把钱取了出来。
큰 쇼핑을 하기 때문에 돈을 인출했다.

＝（お金を）下ろす（かね お）

292 □ 動

振り込む（ふ こ）

存钱，缴费
입금하다

銀行で、公共料金を振り込んだ。
（ぎんこう こうきょうりょうきん ふ こ）

我在银行缴了公共事业费。
은행에서 공과금을 입금했다.

＋ 振り込み（ふ こ） 存钱 / 입금

293 □ 名

送金〈する〉（そうきん）

汇款
송금 <하다>

今月も、国の両親に送金した。
（こんげつ くに りょうしん そうきん）

我这个月也给国内的父母汇款了。
이번달에도 고향에 계신 부모에게 송금했다.

294 □ 名

通帳記入（つうちょう きにゅう）

登存折
통장 기재

通帳記入のために、銀行に寄った。
（つうちょう きにゅう ぎんこう よ）

我顺便去了银行补登存折。
통장 기재를 위해 은행에 들렀다.

買い物
かもの

买东西 / 쇼핑

295 □ 名

品物（しなもの）
商品
물건

駅前（えきまえ）のデパートは、高（たか）い品物（しなもの）が多（おお）い。
车站前面的百货商店里有很多昂贵的商品。
역 앞의 백화점은 비싼 물건이 많다.

296 □ 名

現金（げんきん）
现金
현금

買（か）い物（もの）は、いつも現金（げんきん）で払（はら）う。
我买东西总是付现金。
쇼핑은 언제나 현금으로 지불한다.

297 □ 名

クレジットカード
信用卡
신용 카드

このクレジットカードは、とても便利（べんり）だ。
这张信用卡非常方便。
이 신용 카드는 매우 편리하다.

购物时，常常简化说成“カード”。
실제로 쇼핑할 때는 " カード " 라고만 말하는 경우가 많다.

298 □ 名

１回払い（いっかいばらい）
一次性支付，全额支付
일시불

カードの支払（しはら）いは、１回払（いっかいばら）いだ。
刷卡付款是一次性支付。
카드 결제는 일시불이다.

＋ ボーナス払（ばら）い 发奖金时支付 / 보너스 지불

299 □ 名

合計（ごうけい）〈する〉
总共
합계 < 하다 >

先月（せんげつ）のカードの支払（しはら）いは、合計（ごうけい）10万円（まんえん）になった。
上个月的刷卡消费总共 10 万日元。
지난달 카드 결제는 종합계 10 만엔이었다.

300 □ 名

代金（だいきん）
货款
대금

品物（しなもの）は代金（だいきん）を払（はら）って、３日（みっか）以内（いない）に届（とど）く。
付款后，商品将在 3 日内送到。
물품 대금을 지불하고, 3 일 이내에 도착한다.

301 □ 名

税込（ぜいこみ）
含税
세금 포함

この値段（ねだん）は税込（ぜいこみ）ですか。
这个价格是含税的吗?
이 가격은 세금이 포함되어 있습니까?

↔ 税別（ぜいべつ）　＋ 税金（ぜいきん） 税 / 세금

302 □ 名	請求書（せいきゅうしょ） 账单，付款通知单 청구서	電話料金の請求書が届いた。（でんわりょうきん せいきゅうしょ とど） 电话费的账单寄到了。 전화 요금 청구서가 도착했다 .
303 □ 名	領収書（りょうしゅうしょ） 发票 영수증	買い物をするときは、領収書をもらう。（か もの りょうしゅうしょ） 买东西时我会索要发票。 쇼핑을 할 때는 , 영수증을 받는다 .
304 □ 名	売り切れ（う き） 售罄 매진	ほしかったバッグは、売り切れだった。（う き） 我想买的那款包卖光了。 가지고 싶었던 가방은 매진되었다 .

➕ 売り切れる（う き） 售罄 / 매진되다

305 □ 名	品切れ（しなぎ） 缺货，脱销 품절	店の人に、Mサイズは品切れだと言われた。（みせ ひと エム しなぎ い） 店员说 M 号脱销了。 점원이 M 사이즈는 품절이라고 말했다 .

“売り切れ”表示那家店的库存里没有那个商品了，而“品切れ”表示那个商品在任何地方都没有库存了。
"売り切れ"는 그 점포에 상품이 다 팔려서 없는 것 . "品切れ"는 해당 제품의 재고가 없는 것 .

306 □ 名	日替わり（ひ が） 一天一换 매일 바뀜	この店は、日替わりでセールをしている。（みせ ひ が） 这家店每天促销的东西都不一样。 이 가게는 매일 다른 상품으로 세일을 하고 있다 .
307 □ 名	割引（わりびき） 打折 할인	あのパン屋は、水曜日に10パーセント割引をしている。（や すいようび じゅっ わりびき） 那家面包店周三打九折。 그 빵집은 수요일에 10% 할인을 하고 있다 .

➕ 割り引く（わ び） 打折 / 할인하다・割引券（わりびきけん） 打折券 / 할인권・学生割引（がくせいわりびき） 学生优惠价 / 학생 할인

308 □ 名	半額（はんがく） 半价 반값	5万円のコートが半額で買えた。（まんえん はんがく か） 我半价买到了一件原价 5 万日元的大衣。 5 만엔의 코트를 반값에 살 수 있었다 .

➕ 半額セール（はんがく） 半价促销 / 반액 세일

309 □ 名
特売日（とくばいび）
今日（きょう）はスーパーの特売日（とくばいび）だ。
大减价日
특별 판매일
今天是超市的大减价日。
오늘은 슈퍼마켓의 특별 판매일이다.

➕ 特売品（とくばいひん） 特卖商品 / 특별 판매품

310 □ 副
たった
有名（ゆうめい）ブランドのバッグがたった3万円（まんえん）だった。
只，仅
단 / 다만 / 겨우 / 오직
名牌包只需要 3 万日元。
유명 브랜드의 가방이 단 3 만엔이었다.

➕ ただ 只，仅 / 단지

311 □ 名 ナ形
得（とく）〈な〉
バーゲンに行（い）って、得（とく）をした。(名)
合算；赚头
이익인 / 득을 본 / 이익이다 / 득을 보다
我去甩卖区买东西，赚到了。
바겐세일에 가서 득을 보았다.

➕ 得（とく）する 合算；有赚头 / 이익이다 / 득을 보다

312 □ 名 ナ形
損（そん）〈な〉
バーゲンに行（い）けなくて、損（そん）をした。(名)
亏；损失
손해인 / 손해를 본 / 손해를 보다
我没去成甩卖区，亏了。
바겐세일에 가지 못해서 손해를 보았다.

➕ 損（そん）する 亏损 / 손해를 보다

313 □ 名
おまけ〈する〉
お店（みせ）の人（ひと）が、りんごをおまけしてくれた。
赠送
덤을 주다
店员赠送了我一个苹果。
가게 사람이 사과를 덤으로 주었다.

314 □ 名 ナ形
むだ〈な〉
そんなものを買（か）って、お金（かね）のむだだ。(名)
むだな物（もの）は買（か）わないようにしている。(ナ形)
浪费，没用
쓸데없음 / 효과나 효력이 없음 / 헛됨
买那种东西，浪费钱。
我尽量不买没用的东西。
그런 물건을 사다니 돈 낭비이다.
쓸데없는 물건은 사지 않도록 하고 있다.

315 □ 名
むだづかい〈する〉
ボーナスをむだづかいしてしまった。
乱花钱，乱用
낭비 <하다>
奖金都被我拿来乱花了。
보너스를 낭비해 버렸다.

No.	語	例文
316 □ 動	寄る（よ）	帰りにデパートに寄って、買い物をした。（かえ・よ・か・もの）
	顺便去 들르다	回来时，我顺便去了百货商店买东西。 돌아 오는 길에 백화점에 들러 쇼핑을 했다.
317 □ 副	ついでに	郵便局に行った。ついでに、コンビニに寄った。（ゆうびんきょく・い・よ）
	顺便 (…하는) 김에	我去了邮局，顺便去了一趟便利店。 우체국에 가는 김에 편의점에 들렀다.
318 □ 名	レジ袋（ぶくろ）	あのスーパーでは、レジ袋が3円です。（ぶくろ・えん）
	购物袋 비닐 봉지	那家超市的购物袋是 3 日元一个。 그 슈퍼에서는 비닐 봉지가 3 엔입니다.
319 □ 名	定休日（ていきゅうび）	本日は定休日のため、休ませていただきます。（ほんじつ・ていきゅうび・やす）
	定期休息日 정기휴일	今天休息，本店不营业。 오늘은 정기휴일이기 때문에 쉬겠습니다.

朝から夜まで

あさ　よる

从早到晚 / 아침부터 밤까지

320 □ 動	覚ます（さ）	夜中の3時に目を覚ました。（よなか　じ　め　さ）
	弄醒 눈뜨다 / 깨다	夜里3点，我醒了。 새벽 3 시에 눈을 떴다 .
321 □ 動	覚める（さ）	毎朝、7時に目が覚める。（まいあさ　じ　め　さ）
	醒 눈이 뜨이다 / 잠이 깨다	我每天早上7点醒。 매일 아침 , 7 시에 눈이 뜨였다 .
322 □ 動	（夜が）明ける（よ　あ）	ゲームをしていたら、夜が明けてしまった。（よ　あ）
	（天）亮 (밤을) 새우다	打游戏一直打到了天亮。 게임을 하는 동안 밤을 새우고 말았다 .
323 □ 名	支度〈する〉（したく）	起きたら、急いで朝ごはんを食べて、支度する。（お　いそ　あさ　た　したく）
	准备；打扮 외출 준비 < 하다 >	起床之后，我赶紧吃早饭，梳妆打扮。 일어나서 , 서둘러 아침밥을 먹고 외출할 준비를 한다 .
324 □ 動	合わせる（あ）	ごはんのとき、手を合わせて「いただきます」と言う。（て　あ　い）
	合（在一起） 맞추다 / 합치다	吃饭时，要合掌说“我开吃了”。 밥을 먹을 때 손을 모아 " 잘 먹겠습니다 " 라고 말한다 .
325 □ 動	しまう	午前中に、冬のふとんを干して、しまう。（ごぜんちゅう　ふゆ　ほ）
	收藏，放在……里 넣다 / 보관하다	上午，我把冬天的被褥晒了晒，收好。 오전 중에 겨울 이불을 말려 보관한다 .
326 □ 動	（ひげを）そる	夫はひげをそるのに、時間がかかる。（おっと　じかん）
	剃，刮（胡子） (수염을) 깎다	老公刮胡子比较花时间。 남편은 수염을 깎는데 시간이 걸린다 .
327 □ 動	（髪を）とかす（かみ）	朝、3分くらいで髪をとかす。（あさ　ぷん　かみ）
	梳（头发） (머리를) 빗질하다	早上，我大约花3分钟时间梳头发。 아침에 3 분 정도로 머리를 빗질한다 .

328 □ 動

そろえる	持(も)っていくものをそろえて、バッグに入(い)れる。
使一致；备齐 갖추다	我把要带的东西都准备好，放进包里。 가지고 갈 것을 갖춰서, 가방에 넣는다.

➕ (～が) そろう 齐备；一致 / (~ 이) 갖춰지다

329 □ 名

昼寝(ひるね)〈する〉	会社(かいしゃ)で 15 分(ふん)だけ、昼寝(ひるね)している。
午睡 낮잠 < 자다 >	我在公司只午睡 15 分钟。 회사에서 15 분만 낮잠 자고 있다.

330 □ 動

腰(こし)かける	いすに腰(こし)かけて、少(すこ)し休(やす)もう。
坐下 걸터 앉는다	坐在椅子上休息一会儿吧。 의자에 걸터 앉아 조금 쉬자.

331 □ 動

暮(く)れる	もう少(すこ)しで日(ひ)が暮(く)れる。
天黑；即将过去 저물다	再过一会儿，天就黑了。 머지 않아 날이 저문다.

➕ 年(とし)の暮(く)れ 年底 / 연말 (한 해가 끝날 무렵)

332 □ 名

おしゃべり〈する〉	家族(かぞく)とおしゃべりする時間(じかん)を大切(たいせつ)にしている。
聊天 이야기 < 하다 >/ 수다 떨다	我珍惜和家人聊天的时间。 가족과 이야기하는 시간을 소중히 하고 있다.

333 □ 名

リラックス〈する〉	家(いえ)に帰(かえ)って、リビングでリラックスする。
放松 휴식을 취하다	我回到家，在起居室放松一下。 집에 돌아가서 거실에서 휴식을 취한다.

334 □ 名

ふだん	ふだんは家(いえ)で食事(しょくじ)をする。
平时 보통	我平时在家吃饭。 보통은 집에서 식사를 한다.

335 □ 名

ふだん着(ぎ)	ふだん着(ぎ)のまま、ソファーで寝(ね)てしまった。
便服 평소 입는 옷	我穿着便服在沙发上睡着了。 평상복 그대로 소파에서 자버렸다.

No.	語	例文
336 □ 副	相変わらず（あいか） 照旧 여전히	息子は相変わらずゲームをしている。 儿子仍旧在打游戏。 아들은 여전히 게임을 하고 있다.
337 □ 副	たいてい 大部分；大概；一般 대강 / 대개 / 대부분	たいてい、1時ごろ寝る。 我大多 1 点左右睡觉。 대개 1 시쯤 잔다.
338 □ 名	夜ふかし〈する〉（よ） 熬夜 밤샘 < 하다 >/ 밤늦게까지 자지 않음	週末は、ちょっと夜ふかししてしまう。 周末我会稍微熬一熬夜。 주말은 조금 밤샘을 한다.
339 □ 名	電源（でんげん） 电源 전원	夜、パソコンの電源を切る。 晚上把电脑的电源切断。 밤에는 컴퓨터의 전원을 끈다.
340 □ 名	充電〈する〉（じゅうでん） 充电 충전 < 하다 >	寝る前に、スマートフォンを充電しておく。 睡觉前给智能手机充电。 자기 전에 스마트 폰을 충전해 둔다.
341 □ 名	セット〈する〉 设定 조절 < 하다 >/ 맞추다 / 세트 < 하다 >	目覚ましを7時にセットした。 我把闹钟设成 7 点了。 시계 알람을 7 시에 맞췄다.
342 □ 動	なでる 抚摸 쓰다듬다	ペットの犬をなでて、「おやすみ」と言った。 我抚摸着宠物狗，说："晚安。" 애완견을 쓰다듬으면서 " 잘 자 " 라고 말했다.
343 □ 副	ぐっすり［と］ 熟睡 푹	今日もぐっすり寝られそうだ。 看来今天我又能饱饱地睡一觉了。 오늘은, 푹 잘 수 있을 것 같다.
344 □ 名	運（うん） 运气 운	今日は、運がいい一日だった。 今天我的运气很好。 오늘은 운이 좋은 하루였다.

Section 5

こんなことも

其他 / 이런 일도

345 □ 名

日常
にちじょう

日常の生活を楽しみたい。
にちじょう　せいかつ　たの

日常
일상

我想好好地享受日常生活。
일상생활을 즐기고 싶다.

➕ 日常生活（にちじょうせいかつ） 日常生活 / 일상생활・日常会話（にちじょうかいわ） 日常对话 / 일상 회화

346 □ 副

常に
つね

常に、家族の健康を考えている。
つね　かぞく　けんこう　かんが

常常
항상

我常常想着家人的健康。
항상 가족의 건강을 생각하고 있다.

347 □ 名

出迎え
でむか

空港へ国の友だちの出迎えに行く。
くうこう　くに　とも　でむか　い

迎接
마중

我去机场接国内来的朋友。
공항에 고향 친구의 마중을 하러 간다.

348 □ 動

出迎える
でむか

バス停で友だちを出迎えた。
てい　とも　でむか

迎接
마중하다

我在公交车站接了朋友。
버스 정류장에서 친구를 마중했다.

349 □ 名

見送り
みおく

空港へ家族を見送りに行く。
くうこう　かぞく　みおく　い

送别
배웅

我去机场送家人。
공항에 가족을 배웅하러 간다.

350 □ 動

見送る
みおく

泣きながら家族を見送った。
な　かぞく　みおく

送别
배웅하다

我哭着送走了家人。
울면서 가족을 배웅했다.

351 □ 名

郵送〈する〉
ゆうそう

母に誕生日プレゼントを郵送した。
はは　たんじょうび　ゆうそう

邮寄
우송 <하다>

我给妈妈寄了一份生日礼物。
어머니께 생일 선물을 우송했다.

No.	単語	例文
352 □ 名	小包（こづつみ）	小包（こづつみ）にセーターを入（い）れた。
	包裹 소포	我把毛衣装进包裹。 소포에 스웨터를 넣었다.
353 □ 名	送料（そうりょう）	荷物（にもつ）を送（おく）るとき、送料（そうりょう）がかかる。
	邮费，运费 (배) 송료	寄行李时会产生运费。 짐을 보낼 때 배송료가 든다.
354 □ 名	あて先（さき）	あて先（さき）を間違（まちが）えないように書（か）いた。
	收件人地址 수신인 / 수신인 주소	我准确地填写了收件人地址。 수신인 주소를 틀리지 않도록 썼다.
355 □ 名	あて名（な）	あて名（な）に母（はは）の名前（なまえ）を書（か）いた。
	收件人姓名 수신인 성명	我在收件人姓名处写上了我妈妈的名字。 수신자 이름에 어머니의 이름을 썼다.
356 □ 名	差出人（さしだしにん）	ここに差出人（さしだしにん）の住所（じゅうしょ）を書（か）いてください。
	寄件人 발신인 / 발송인	请在这里填写寄件人地址。 여기에 보내는 사람의 주소를 써 주세요.
357 □ 副	とりあえず	大学（だいがく）に合格（ごうかく）したので、とりあえず母（はは）に知（し）らせた。
	赶快；暂且 먼저 / 일단 / 우선	我考上大学了，于是赶忙通知了妈妈。 대학에 합격해서, 먼저 / 우선 어머니에게 알렸다.
358 □ 名	出前（でまえ）	今日（きょう）は疲（つか）れたので、すしの出前（でまえ）にしよう。
	送外卖 (음식) 배달	今天累了，我们叫寿司外卖吧。 오늘은 피곤하니까 생선 초밥 (스시) 을 음식 배달받자.

＝ デリバリー

“出前”用于日本料理的外卖，如寿司、荞麦面等。
스시와 소바 등 일본 요리의 배달을 '出前'라고 표현하는 경우가 많다.

No.	単語	例文
359 □ 動	ほどく	玄関（げんかん）で、くつのひもをほどいた。
	解开 풀다	我在玄关解开了鞋带。 현관에서 신발 끈을 풀었다.

⇔ 結（むす）ぶ

360 □ 名	留守番電話（るすばんでんわ） 电话答录机；语音留言 자동 응답기	留守番電話に母の声が入っていた。 语音留言里有妈妈的留言。 자동 응답기에 어머니의 목소리가 들어 있었다.
361 □ 副	よく 经常 잘 / 자주	両親や兄弟と、よく電話で話している。 我经常和父母或兄弟姐妹打电话。 부모님이나 형제와 자주 전화하고 있다.
362 □ 名 ナ形	早め〈な〉（はや） 提前 일찌감치 / 조금 일찍	飛行機のチケットを早めに予約しておく。（ナ形） 提前预订好机票。 비행기 티켓을 일찌감치 예약해 둔다.

↔ 遅め〈な〉（おそ）

363 □ 名	リサイクル〈する〉 回收再利用 재활용 <하다>	洋服も家具もリサイクルできる。 衣服和家具都能回收再利用。 옷도 가구도 재활용할 수 있다.

＝ 再利用〈する〉（さいりよう）

364 □ 動	どける 挪开 치우다	その自転車をどけてください。 请挪开那辆自行车。 그 자전거를 치워 주십시오.

N3

Chapter 4

私たちの町
わたし　まち

我们的城镇

우리 거리

Section 1

町(まち)のようす

街景 / 거리의 모습

365 □ 名	商店街(しょうてんがい)	駅前(えきまえ)に大(おお)きな商店街(しょうてんがい)がある。
	商店街 상점가	车站前面有一条大型商店街。 역 앞에 큰 상점가가 있다.
366 □ ナ形	にぎやかな	商店街(しょうてんがい)は、たくさんの人(ひと)でにぎやかだ。
	热闹的 북적거리다 / 떠들썩하다	商店街人山人海，很是热闹。 상점가는 많은 사람으로 북적거린다.
367 □ 名	高層(こうそう)ビル	この町(まち)には、高層(こうそう)ビルがない。
	高楼大厦 고층 빌딩	这个街区没有高楼大厦。 이 도시에는 고층 빌딩이 없다.

➕ 高層(こうそう)マンション 高层住宅楼 / 고층 아파트

368 □ 動	建(た)つ	川(かわ)の近(ちか)くに、高層(こうそう)マンションが建(た)った。
	建，盖 (~이 / 가) 서다 / (건물이) 세워지다	靠近河的地方，建起了一栋高层住宅楼。 강 근처에 고층 아파트가 섰다.

➕ (~を) 建(た)てる 建，盖 / (~을 / 를) 세우다 /(건물을) 짓다

369 □ 名	水族館(すいぞくかん)	水族館(すいぞくかん)は、いつも子(こ)どもでいっぱいだ。
	水族馆 수족관	水族馆总是挤满了小孩。 수족관은 언제나 어린이로 가득하다.
370 □ 名	博物館(はくぶつかん)	週末(しゅうまつ)、博物館(はくぶつかん)はとても込(こ)んでいる。
	博物馆 박물관	周末，博物馆里人非常多。 주말에는 박물관은 매우 붐비고 있다.
371 □ 名	出入(でい)り口(ぐち)(出入口(でいりぐち))	博物館(はくぶつかん)の出入(でい)り口(ぐち)に、ポスターがはってある。
	出入口 출입구	博物馆的出入口贴着海报。 박물관의 출입구에 포스터가 붙어 있다.

372 □ 名

自動ドア（じどう）

出入り口に、大きな自動ドアがある。（で い ぐち　おお　じどう）

自动门
자동문

出入口安装了大型的自动门。
출입구에 큰 자동문이 있다.

373 □ 名

入館料（にゅうかんりょう）

入館料は400円です。（にゅうかんりょう　よんひゃく えん）

入场费
입장료

入场费是400日元。
입장료는 400 엔입니다.

374 □ 名

混雑〈する〉（こんざつ）

週末は、どこも混雑している。（しゅうまつ　こんざつ）

混乱，拥挤
혼잡 <하다>

周末，到处都是人山人海的。
주말은 어디도 혼잡하다.

375 □ 名

行列（ぎょうれつ）

人気の店の前に、長い行列ができている。（にんき　みせ　まえ　なが　ぎょうれつ）

行列，队伍
행렬

人气商店的前面排起了长队。
인기 있는 가게 앞에 긴 행렬이 있다.

376 □ 名

休館日（きゅうかんび）

この博物館の休館日は、月曜日だ。（はくぶつかん　きゅうかんび　げつようび）

闭馆日
휴관일

这家博物馆的闭馆日是周一。
이 박물관의 휴관일은 월요일이다.

377 □ 名

ホール

市のホールで、よくコンサートが開かれる。（し　ひら）

大厅；会场
홀

市会场经常举办音乐会。
시의 시설인 홀에서 자주 콘서트가 열린다.

378 □ 名

使用料（しようりょう）

このホールの使用料は、3時間1万円だ。（しようりょう　じかん　まんえん）

使用费
사용료

该会场的使用费是3小时1万日元。
이 홀 사용료는 3 시간에 1 만엔이다.

379 □ 名

無料（むりょう）

駅前で無料の化粧品をもらった。（えきまえ　むりょう　けしょうひん）

免费
무료

我在车站前面领到了免费的化妆品。
역 앞에서 무료 화장품을 받았다.

＝ タダ（主要用于对话 / 대화에 자주 사용한다）　⇔ 有料（ゆうりょう）

380 □ 名

老人ホーム（ろうじん）

公園の近くに、老人ホームができるそうだ。（こうえん　ちか　ろうじん）

养老院
양로원

听说，公园附近要建一个养老院。
공원 근처에 양로원이 생긴다고 한다.

381 □	目印（めじるし）	A「そちらの近く（ちか）に、何（なに）か目印（めじるし）がありますか。」 B「そうですね。赤（あか）い橋（はし）があります。」
名	标记，记号 표시 / 표적	A：那附近有什么标志性的东西吗? B：我看看，有一座红色的桥。 A "그쪽 근처에 뭔가 알만한 표시 / 표적이 있습니까?" B "글쎄요. 빨간 다리가 있습니다."
382 □	歩道橋（ほどうきょう）	歩道橋（ほどうきょう）に上（のぼ）ると、町（まち）がよく見（み）える。
名	人行过街天桥 육교	走上天桥，整个街区尽收眼底。 육교에 오르면 거리가 잘 보인다.
383 □	タワー	スカイツリーは、日本（にほん）で一番（いちばん）高（たか）いタワーだ。
名	塔 타워	天空树是日本第一高塔。 스카이트리는 일본에서 가장 높은 타워이다.

➕ 東京（とうきょう）タワー 东京塔 / 도쿄 타워・スカイツリー 天空树 / 스카이트리

384 □	ライト	あのタワーは夜（よる）7時（しちじ）になると、ライトがつく。
名	灯 라이트 (조명)	那座塔一到晚上 7 点就会亮灯。 저 타워는 저녁 7 시가 되면 조명이 켜진다.

➕ ライトアップ 照亮 / 라이트 업

385 □	居酒屋（いざかや）	この町（まち）には、たくさん居酒屋（いざかや）がある。
名	小酒馆 주점 / 선술집	这个街区有许多小酒馆。 이 도시에는 많은 주점 / 선술집이 있다.
386 □	八百屋（やおや）	野菜（やさい）や果物（くだもの）は八百屋（やおや）で買（か）う。
名	蔬菜店 야채 가게	我在蔬菜店买蔬菜、水果。 야채와 과일은 야채 가게에서 산다.
387 □	正面（しょうめん）	パン屋（や）の正面（しょうめん）に、小（ち）いさな本屋（ほんや）がある。
名	正面；对面 정면	面包店对面有一家小书店。 빵집 정면에 작은 책방이 있다.
388 □	そば	本屋（ほんや）のそばに、おいしいレストランがある。
名	旁边 근처	书店旁边有一家好吃的餐厅。 서점 근처에 맛있는 레스토랑이 있다.

389 □ 名	コンクリート	あのアパートは、コンクリートでできている。
	混凝土 콘크리트	那栋公寓是混凝土建造的。 그 아파트는 콘크리트로 되어 있다.
390 □ 名	地方（ちほう）	この地方（ちほう）には、自然（しぜん）がたくさんある。
	地区 지방	这个地区有很多自然景观。 이 지방은 자연이 많이 남아 있다.
391 □ 名	地域（ちいき）	この地域（ちいき）には、知（し）り合（あ）いが多（おお）い。
	地域，地区 지역	我在这个地区认识很多人。 이 지역에는 아는 사람이 많다.
392 □ 名	郊外（こうがい）	いつか郊外（こうがい）に、庭（にわ）のある家（いえ）を建（た）てたい。
	近郊，郊区 교외	有朝一日，我想在郊区建一栋带庭院的房子。 언젠가 교외에, 정원이 있는 집을 짓고 싶다.
393 □ 名	中心（ちゅうしん）	広場（ひろば）の中心（ちゅうしん）に、きれいな花（はな）が咲（さ）いている。
	中心，中间 중심	美丽的鲜花在广场中央绽放。 광장의 중심에 예쁜 꽃이 피어 있다.

＋ 中央（ちゅうおう） 中心，中间 / 중앙

394 □ 名	移転（いてん）〈する〉	市役所（しやくしょ）が移転（いてん）するらしい。
	迁移 이전 <하다>	听说市政府要搬迁了。 시청이 이전하는 것 같다.
395 □ 名	工事（こうじ）〈する〉	3年（ねん）くらい前（まえ）から、駅（えき）の工事（こうじ）をしている。
	工程，施工 공사 <하다>	大概从 3 年前开始，就一直在修建车站。 3 년 정도 전부터 역의 공사를 하고 있다.
396 □ 名	空（あ）き地（ち）	うちの近（ちか）くの空（あ）き地（ち）が、駐車場（ちゅうしゃじょう）になった。
	空地 빈터 / 공터	我家附近的空地变成停车场了。 집 근처의 공터가 주차장이 되었다.

Section 2

町を歩く
まち　ある

漫步街区 / 거리 산책

397 □ 名	人ごみ（ひと）	人ごみの中を歩くと、ちょっと疲れる。（ひと、なか、ある、つか）
	人群 인파	在人群中穿行，有点累。 인파 속을 걸으면 좀 피곤하다.
398 □ 名	都会（とかい）	都会には自然が少ない。（とかい、しぜん、すく）
	都市，城市 도시	城市里少有自然的景色。 도시에는 자연이 적다.
399 □ 副	ぶらぶら〈する〉	休みの日は、一人で町をぶらぶらする。（やす、ひ、ひとり、まち）
	溜达 빈둥빈둥 하다 / 어슬렁어슬렁 거리다	休息日，我一个人在街上溜达。 쉬는 날은 혼자 거리를 어슬렁어슬렁 거린다.
400 □ 副	うろうろ〈する〉	最近、知らない人が家の前をうろうろしている。（さいきん、し、ひと、いえ、まえ）
	徘徊，转来转去 서성이다 / 우왕좌왕 < 하다 >	最近，有一个陌生人在我家门前转来转去。 최근 모르는 사람이 집 앞을 서성이고 있다.
401 □ 動	通りかかる（とお）	通りかかった店に、ちょっと入ってみた。（とお、みせ、はい）
	恰巧路过 마침 그곳을 지나가다	恰巧路过一家店，我走进去看了看。 마침 지나가던 길에 가게에 좀 들러 봤다.
402 □ 動	通り過ぎる（とお、す）	スマホを見ていて、学校を通り過ぎてしまった。（み、がっこう、とお、す）
	走过了 지나가다 / 지나쳐 버리다	我边看手机边往学校走，结果，走过了。 스마트 폰을 보고 있다가 학교를 지나쳐 버렸다.
403 □ 名	徒歩（とほ）	うちから駅まで、徒歩で 15 分くらいだ。（えき、とほ、ふん）
	步行 도보	从我家到车站大约要走 15 分钟。 집에서 역까지 도보로 15 분 정도다.

404 □ 名

方向（ほうこう）

知らない町では、方向がわからない。
（し／まち／ほうこう）

方向
방향

在陌生的街区里，我找不到方向。
모르는 동네에서는 방향을 모르겠어요.

405 □ 名

遠回り〈する〉（とおまわ）

時間があるから、ちょっと遠回りしてみよう。
（じかん／とおまわ）

绕远，绕道
멀리 돌아가다 / 우회 < 하다 >

还有时间，我们稍微绕远看看吧。
시간이 있으니까 조금 멀리 돌아가 보자.

406 □ 名

近道〈する〉（ちかみち）

駅に行くとき、公園を通って近道した。
（えき／い／こうえん／とお／ちかみち）

近路；捷径
지름길을 가다

我穿过公园，抄近道去了车站。
역에 갈 때 공원을 통해서 지름길을 갔다.

↔ 回り道〈する〉（まわりみち）

407 □ 名

距離（きょり）

うちから学校まで、ちょっと距離がある。
（がっこう／きょり）

距离
거리

从我家到学校距离有一点远。
집에서 학교까지 좀 거리가 있다.

408 □ 動

追いかける（お）

女の子が犬を追いかけている。
（おんな／こ／いぬ／お）

追赶
뒤쫓아가다 / 추적하다

一个女孩在追赶一只狗。
여자아이가 개를 뒤쫓아가고 있다.

409 □ 動

追いつく（お）

ちょっと走ったら、すぐに追いついた。
（はし／お）

赶上
따라잡다

跑了几步，她很快就追上了。
조금 달렸더니 바로 따라잡았다.

410 □ 動

追い越す（お／こ）

前の人がゆっくり歩いていたので、追い越した。
（まえ／ひと／ある／お／こ）

超过
추월하다

前面的人走得太慢，于是我超过了他。
앞 사람이 천천히 걷고 있어서 추월했다.

411 □ 名

突き当たり（つ／あ）

この道の突き当たりに病院がある。
（みち／つ／あ／びょういん）

尽头
막다른 곳

这条路走到头有一家医院。
이 길의 막다른 곳에 병원이 있다.

＋ 突き当たる（つ／あ） 走到尽头 / 막다른 곳에 이르다

412 □ 動	立ち止まる (たちどまる) 站住，停步 멈추어 서다	立ち止まらないで、前に進んでください。 别停下脚步，往前走。 멈추지 마시고 앞으로 나아가 주세요.
413 □ 動	横切る (よこぎる) 横穿 가로지르다 / 횡단하다	黒猫が道を横切った。 一只黑猫横穿了马路。 검은 고양이가 길을 가로질렀다.
414 □ 動	見かける (みかける) 看到 언뜻 보다	駅で知り合いを見かけた。 我在车站看到了一个朋友。 역에서 지인을 언뜻 보았다.

電車と新幹線
でんしゃ　しんかんせん

电车和新干线 / 전철과 신칸센

415 □ 行き先（いゆさき）
名 目的地 / 행선지 / 목적지

急いでいたので、行き先を間違えてしまった。
太匆忙了，我把目的地搞错了。
서두르고 있었기 때문에 행선지를 틀렸다.

416 □ 往復〈する〉（おうふく）
名 往返 / 왕복 < 하다 >

会社まで往復4時間かかる。
我去公司往返要花 4 个小时。
회사까지 왕복 4 시간이 걸린다.

＋ 往復切符（おうふくきっぷ） 往返票 / 왕복 티켓

417 □ 片道（かたみち）
名 单程 / 편도

東京まで新幹線で、片道1万円だ。
坐新干线去东京，单程要 1 万日元。
도쿄까지 신칸센으로 편도1만 엔이다.

418 □ 各駅停車（かくえきていしゃ）
名 每站都停 / 각 역 정차

時間があるときは、各駅停車に乗る。
有时间的话，我会坐每站都停的车。
시간이 있을 때는 각 역 정차 전철을 탄다.

＝ 各停（かくてい）

419 □ 急行（きゅうこう）
名 快车 / 급행

A駅までお急ぎの方は、次の急行をご利用ください。
需要快速前往 A 站的客人，请乘坐下一趟快车。
A 역까지 급하신 분들은 다음의 급행을 이용해 주십시오.

＋ 特急（とっきゅう） 特快 / 특급・快速（かいそく） 快速 / 쾌속

420 □	始発 しはつ	①この駅の始発電車は、5時半ごろだ。 ②ここは中央線の始発駅だ。
名	始发；首班车 시발（전철 / 지하철 / 열차）	①这一站的首班车是 5 点半左右。 ②这里是中央线的始发站。 ① 이 역의 시발 전철은 5 시 반 경이다. ② 여기는 중앙선의 시발역이다.

①一天当中最早的那趟车 ②车辆运行的起点
① 그날 가장 이른 시간의 전철이나 버스 ② 전철이나 버스가 나오는 기점

421 □	終電 しゅうでん	１２時半の終電に間に合わない。
名	末班车 막차	赶不上 12 点半的末班车。 12 시 반의 막차 시간에 늦는다.
422 □	終点 しゅうてん	終電で寝てしまって、終点まで行った。
名	终点 종점	我在末班车上睡着了，一路坐到了终点站。 막차에서 자 버려서 종점까지 갔다.
423 □	上り のぼ	もうすぐ上り電車が来る。
名	上行 상행 열차 / 전철 / 지하철	上行电车马上要进站了。 곧 상행 전철이 옵니다.

＋ 上る（のぼ） 上，攀登 / 서울 / 도쿄로 올라가다

424 □	下り くだ	下りの電車に乗って、山へ行く。
名	下行 하행열차 / 전철 / 지하철	我搭乘下行电车去山里。 하행 전철을 타고 산으로 간다.

＋ 下る（くだ） 下 / 수도에서 지방으로 내려가다

425 □	ＪＲ ジェイアール	私はＪＲを、よく利用する。
名	JR (Japan Railways的缩写) Japan Railways	我经常乘坐 JR。 나는 JR 을 자주 사용한다.
426 □	私鉄 してつ	この近くに私鉄の駅はない。
名	私营铁路 사철 / 민간 철도 / 민영 철도	这附近没有私铁的站。 이 근처에 민영 철도역은 없습니다.

427 □ 名

経由〈する〉
けいゆ

今日は東京駅を経由して、家に帰る。
きょう　とうきょうえき　けいゆ　いえ　かえ

经由
경유 < 하다 >

我今天回家会途经东京站。
오늘은 도쿄역을 경유해서 집으로 돌아온다 / 돌아간다 .

428 □ 名

定期券
ていきけん

定期券は割引があるので、得だ。
ていきけん　わりびき　とく

月票
정기권

月票比较合算，因为有折扣。
정기권 할인이 있기 때문에 득이 있다 .

429 □ 名

有効期限
ゆうこうきげん

カードの有効期限は、来月までだ。
ゆうこうきげん　らいげつ

有效期
유효 기간

卡片有效期到下个月。
카드의 유효 기간은 다음 달까지이다 .

430 □ 名

窓口
まどぐち

駅の窓口で、旅行の予約ができる。
えき　まどぐち　りょこう　よやく

窗口
창구

可以在车站的窗口预订旅行。
역 창구에서 여행의 예약을 할 수 있다 .

431 □ 名

販売〈する〉
はんばい

窓口で、記念切符を販売している。
まどぐち　きねんきっぷ　はんばい

销售
판매 < 하다 >

纪念车票在窗口有售。
창구에서 기념 승차권을 판매하고 있다 .

➕ あつかう 处理；经营 / 취급하다・自動販売機（じどうはんばいき） 自动售货机 / 자동판매기

432 □ 名

通路側
つうろがわ

新幹線では通路側に座る。
しんかんせん　つうろがわ　すわ

靠通道
통로측

在新干线上，我会坐在靠通道的位置。
신칸센에서는 통로측에 앉는다 .

➕ 通路（つうろ） 通道 / 통로・窓側（まどがわ） 靠窗 / 창가

433 □ 名

改札
かいさつ

改札を出たところで待ち合わせた。
かいさつ　で　ま　あ

检票
개찰 / 개찰구

我们约在检票出来的地方见面。
개찰구를 나온 곳에서 만나기로 약속했다 .

➕ 改札口（かいさつぐち） 检票口 / 개찰구・自動改札（じどうかいさつ） 自动检票 / 자동 개찰

434 □ 名

指定席
していせき

旅行の前に、指定席を予約した。
りょこう　まえ　していせき　よやく

对号入座
지정석

旅行前，我预订了对号入座的车票。
여행 전에 지정석을 예약했다 .

➕ 指定〈する〉（してい） 指定 / 지정 < 하다 >・自由席（じゆうせき） 自由入座 / 자유석

435 □	車内アナウンス（しゃない）	車内アナウンスで、携帯電話のルールを説明している。
名	车内广播 차내 방송	车内广播正在说明手机的使用规则。 차내 방송에서 휴대 전화의 매너를 설명하고 있다.
436 □	車掌（しゃしょう）	新幹線の車掌の制服は、かっこいい。
名	乘务员 차장	新干线乘务员的制服很酷。 신칸센의 차장의 유니폼은 근사하다.
437 □	ホーム	ホームに、たくさんの人が並んでいる。
名	站台 홈	站台上，许多人排着队。 홈에는 많은 사람들이 줄을 서고 있다.

＝ プラットホーム

438 □	線路（せんろ）	線路には、ぜったいに降りないでください。
名	铁路，轨道 선로	禁止进入轨道。 선로에는 절대로 내려서지 마십시오.
439 □	踏切（ふみきり）	あの踏切は 10 分くらい開かないことがある。
名	铁路道口 건널목	那个道口有时会关闭 10 分钟左右。 그 건널목은 10 분 정도 열리지 않을 때가 있다.
440 □	乗り遅れる（のりおくれる）	道が込んで、新幹線に乗り遅れた。
動	误（车），赶不上 (차 , 배 등을) 놓치다 / 시간이 늦어 못 타다	因为堵车，我误了新干线。 길이 막혀서 신칸센을 놓쳤다.
441 □	乗り換える（のりかえる）	次の駅で、地下鉄に乗り換える。
動	换乘 갈아타다 / 환승하다	在下一站换乘地铁。 다음 역에서 지하철로 갈아탄다.
442 □	乗り越す（のりこす）	乗り越したら、改札でお金を払う。
動	坐过站 하차 역을 지나치다	如果坐过站，就要到检票处交钱。 하차 역을 지나쳤으면, 개찰구에서 돈을 지불한다.

＋ 乗り越し料金（のりこしりょうきん） 因坐过站而补交的车费 / 승차 추가 요금

443 乗り過ごす（のりすごす） 動	電車で寝てしまって、乗り過ごした。（でんしゃ ね の す）
坐过站 내릴 역을 지나치다	我在电车上睡着了，结果坐过站了。 전철에서 자버려서 하차역에서 내리지 못했다.
444 踏む（ふむ） 動	電車の中で、となりの人の足を踏んでしまった。（でんしゃ なか ひと あし ふ）
踩，踏 밟다	在电车里，我踩到旁边人的脚了。 전철에서 옆 사람의 발을 밟아 버렸다.

Section 4

バス

公交车 / 버스

445 □ 名	バス停（てい） **公交车站** **버스 정류장**	私（わたし）のアパートの近（ちか）くに、バス停（てい）がある。 我住的公寓附近有公交车站。 내 아파트 근처에 버스 정류장이 있다.

= 停留所（ていりゅうじょ）・バス乗（の）り場（ば）

446 □ 名	乗車口（じょうしゃぐち） **上车门** 승차구	乗車口（じょうしゃぐち）でバス代（だい）を払（はら）ってください。 请在上车门买票。 승차구에서 버스 요금을 지불하십시오.

↔ 降車口（こうしゃぐち）

447 □ 名	乗客（じょうきゃく） **乘客** **승객**	昼間（ひるま）の乗客（じょうきゃく）は、高齢者（こうれいしゃ）が多（おお）い。 白天乘车的多是老年人。 낮 시간의 승객은 고령자가 많다.
448 □ 名	乗車（じょうしゃ）〈する〉 **乘车** **승차 < 하다 >**	この切符（きっぷ）は、一日（いちにち）に何回（なんかい）も乗車（じょうしゃ）できる。 这张车票可以在一天之内任意乘坐。 이 표는 하루에 여러 번 승차할 수 있다.
449 □ 名	発車（はっしゃ）〈する〉 **发车** **발차 / 출발 < 하다 >**	このバスは 10 時（じ）に発車（はっしゃ）する。 这趟车 10 点发车。 이 버스는 10 시에 출발한다.
450 □ 名	通過（つうか）〈する〉 **通过；通过不停车** **통과 < 하다 >**	もうすぐ市役所（しやくしょ）の前（まえ）を通過（つうか）する。 马上就要通过市政府前面了。 곧 시청 앞을 통과한다.
451 □ 名	停車（ていしゃ）〈する〉 **停车** **정차 < 하다 >**	駅前（えきまえ）で停車（ていしゃ）すると、たくさんの人（ひと）が乗（の）ってきた。 到了车站前面，车一停，许多人就涌了上来。 역 앞에서 정차했더니, 많은 사람이 승차했다.

452 □ 名

下車〈する〉(げしゃ)

たくさんの人(ひと)が途中(とちゅう)で下車(げしゃ)した。

下车
하차 < 하다 >

很多人在半道下车了。
많은 사람이 도중에 하차했다.

➕ (乗り物(のりもの)を／から) 降(お)りる (从交通工具) 下来 / (차량 / 탈 것 (를 / 에서)) 내리다・途中下車(とちゅうげしゃ)〈する〉 半道下车 / 도중하차 < 하다 >

453 □ 名

交通費(こうつうひ)

日本(にほん)は交通費(こうつうひ)が、とても高(たか)い。

交通费
교통비

日本的交通费非常贵。
일본은 교통비가 매우 비싸다.

454 □ 名

バス代(だい)

今年(ことし)、バス代(だい)が高(たか)くなった。

公交车费
버스 요금

今年，公交车费涨了。
올해 버스 요금이 비싸졌다.

455 □ 動

払い戻す(はらいもどす)

一度(いちど)払(はら)ったバス代(だい)は、払い戻(はらいもど)せません。

退还
환불하다

公交车费一经支付，不予退还。
일단 지불한 버스비는 환불하지 않습니다.

➕ 払い戻し(はらいもどし) 退还 / 환불

456 □ 名

定員(ていいん)

このバスの定員(ていいん)は４５人(よんじゅうごにん)だ。

定员
정원

这辆公交车定员 45 人。
이 버스의 정원은 45 명이다.

457 □ 動

つめる

込(こ)んでいるときは、席(せき)をつめてお座(すわ)りください。

挤紧
사이를 좁히다

人多的时候，请互相挤一挤坐下。
붐빌 때는 자리의 사이를 좁혀 앉으십시오.

458 □ ナ形

がらがらな

この時間(じかん)のバスはがらがらだ。

人很少
텅 비다

这个时间，公交车上空荡荡的。
이 시간의 버스는 텅 비어 있다.

459 □ 動

すく

駅前(えきまえ)で人(ひと)が降(お)りたので、バスがすいた。

空
공간 / 자리 (이 / 가) 생긴다 / 비다

公交车里空了，因为人都在车站前面下车了。
역 앞에서 사람들이 내리니까, 버스가 비었다.

460 満員（まんいん） 名
満员；载满 / 만원

雨の日の朝は、満員になることが多い。
下雨天的早上，常常挤满了人。
비 오는 날의 아침은 만원이 되는 경우가 많다.

➕ 満席（まんせき） 满座 / 만석

461 ぎっしり［と］ 副
满满的 / 빼곡히 / 가득히

バスに人がぎっしり乗っている。
公交车上，人挤得满满的。
버스에 사람이 빼곡히 타 있다.

➕ びっしり［と］ 密密麻麻，一个挨着一个 / 촘촘히 / 빼곡히 / 가득히

462 時刻（じこく） 名
时刻 / 시각

日本のバスは、時刻の通りに走る。
日本的公交车是按照时刻表运行的。
일본의 버스는 시각표대로 달린다.

➕ 時刻表（じこくひょう） 时刻表 / 시각표

463 優先席（ゆうせんせき） 名
老幼病残孕专座 / 노약자석

優先席に若い男性が座っている。
一名年轻男性坐在老幼病残孕专座上。
노약자석에 젊은 남자가 앉아 있다.

464 立ち上がる（たちあがる） 動
站起来 / 일어나다

お年寄りが乗ってきたので、すぐに立ち上がった。
一位老年人上车了，他立刻站了起来。
노인이 승차했기 때문에 바로 자리에서 일어섰다.

465 ゆずる 動
让给 / 양보하다

お年寄りに席をゆずった。
他把座位让给了老年人。
노인에게 자리를 양보했다.

466 かかる 動
花费 / 시간이 걸리다 / 소요되다

電車よりバスのほうが、時間がかかる。
公交车要比电车花时间。
전철보다 버스가 더 시간이 걸린다.

467 ブレーキ 名
刹车 / 브레이크

急なブレーキで、バスが止まった。
一个急刹车，公交车停住了。
급브레이크로 버스가 멈췄다.

➕ 急ブレーキ（きゅうブレーキ） 急刹车 / 급브레이크

Section 5

運転する（うんてん）

驾驶 / 운전하다

468 □ 名

ドライブ〈する〉

私の趣味はドライブです。（わたし／しゅみ）

兜风 / 드라이브 < 하다 >

我的兴趣是兜风。
나의 취미는 드라이브입니다 .

469 □ 動

乗せる（の）

友だちや彼女を乗せて、よくドライブする。（とも／かのじょ／の）

载，使搭乘 / 태우다

我经常载着朋友或女朋友去兜风。
친구나 여자 친구를 태우고 자주 드라이브한다 .

⇔ 降ろす（お）

470 □ 名

助手席（じょしゅせき）

彼女が助手席に座ると、どきどきする。（かのじょ／じょしゅせき／すわ）

副驾驶员座位 / 조수석

她一坐上副驾驶员座位，我就紧张。
여자 친구가 조수석에 앉으면 두근두근한다 .

＋ 運転席（うんてんせき） 驾驶员座位 / 운전석

471 □ 名

シートベルト

シートベルトをするのを、忘れないでください。（わす）

安全带 / 안전벨트

别忘了系安全带。
안전벨트를 하는 것을 잊지 마십시오 .

472 □ 名

カーナビ

カーナビがあれば、どこへでも行ける。（い）

导航 / 내비게이션

只要有导航，哪儿都能去。
내비게이션이 있으면 어디든지 갈 수 있다 .

473 □ 名

道路（どうろ）

今日は道路が、いつもよりすいている。（きょう／どうろ）

道路 / 도로

今天的道路比平时畅通。
오늘은 도로가 평소보다 비어 있다 .

474 □ 名

渋滞〈する〉（じゅうたい）

連休中、この道路はかなり渋滞する。（れんきゅうちゅう／どうろ／じゅうたい）

堵塞 / 혼잡 < 하다 >/ 정체 < 하다 >

连休期间，这条路相当拥堵。
연휴 동안에 도로는 매우 혼잡합니다 .

475 □ 名

速度（そくど）

速度を守って走ろう。

速度
속도

请勿超速驾驶。
속도를 지켜 달리자 .

＝ スピード

476 □ 名

高速道路（こうそくどうろ）

高速道路は、あまり利用したことがない。

高速公路
고속도로

我开车没怎么上过高速。
고속도로는 그다지 이용한 적이 없다 .

477 □ 名 ナ形

安全〈な〉（あんぜん）

安全な場所に車を止めた。（ナ形）

安全
안전 < 하다 >

我把车停在了安全的地方。
안전한 장소에 차를 세웠다 .

＋ 安全運転（あんぜんうんてん） 安全驾驶 / 안전 운전

478 □ 名

列（れつ）

ひどい渋滞で、車の長い列ができている。

列
열 / 줄

堵车堵得厉害，车辆已经排成长龙了。
심한 교통 체증으로 차의 긴 줄이 생겼다 .

479 □ 動

割り込む（わりこむ）

後ろの車が、私の前に割り込んできた。

挤进，加塞儿
끼어들다

后面的车挤到我前面去了。
뒤차가 내 앞에 끼어 들어왔다 .

＋ 割り込み（わりこみ） 加塞儿 / 끼어들기

480 □ 名

駐車違反（ちゅうしゃいはん）

駐車違反をしたら、お金を払わなければならない。

违规停车
주차 위반

一旦违规停车，就得交罚款。
주차 위반을 하면 돈을 내야 한다 .

481 □ 名

スピード違反（スピードいはん）

スピード違反をしたことがない。

超速
속도 위반

我开车从来没有超速过。
속도 위반을 한 적이 없다 .

482 □ 名

飲酒運転（いんしゅうんてん）

飲酒運転をしてはいけません。

酒驾
음주 운전

禁止酒驾。
음주 운전을 해서는 안 됩니다 .

＋ 飲酒〈する〉（いんしゅ） 饮酒 / 음주 < 하다 >

483 □ 名

アクセル

アクセルを踏んで、スピードを上げた。
ふ　あ

油门
액셀 / 액셀러레이터 (가속 장치)

我踩了一脚油门，提高了车速。
액셀을 밟아 속도를 올렸다.

484 □ 名

カーブ

ここから長いカーブの道が続く。
なが　みち　つづ

弯曲；转弯
커브 길

从这里开始是一段很长的弯路。
여기부터 긴 커브 길이 이어진다.

485 □ イ形

ゆるい

①シートベルトがゆるいと、危険だ。
きけん

②ゆるいカーブの道を走る。
みち　はし

松；缓
느슨하다

①要是安全带没系紧的话，很危险。
②车子行驶在缓缓的弯路上。
① 안전벨트가 느슨하면 위험하다.
② 느슨한 커브 길을 달린다.

①不够紧 ②弧度或坡度不急
① 헐겁다 ② 경사가 가파르지 않다

486 □ 名

パンク〈する〉

彼の車は、何かを踏んでパンクした。
かれ　くるま　なに　ふ

爆胎
펑크 <하다>

他的车轧到了什么东西，爆胎了。
그의 자동차는 무엇인가를 밟고 펑크 했다.

＋ タイヤ 轮胎 / 타이어

487 □ 名

一方通行
いっぽうつうこう

この道が一方通行だと知らなかった。
みち　いっぽうつうこう　し

单向通行
일방통행

我之前不知道这条路是单向通行的。
이 도로가 일방통행인 줄 몰랐다.

488 □ 名

通行止め
つうこうど

ここから先は通行止めです。
さき　つうこうど

禁止通行
통행 금지

前方禁止通行。
여기서부터는 통행 금지입니다.

489 □ 名

運転免許証
うんてんめんきょしょう

運転免許証は常に持っていなければならない。
うんてんめんきょしょう　つね　も

驾照
운전 면허증

驾照必须随时携带。
운전 면허증은 항상 가지고 있어야 한다.

490 □ 動	ぶつかる	交差点で、車と自転車がぶつかった。（こうさてん くるま じてんしゃ）
	碰，撞 부딪치다 / 충돌하다	在十字路口，一辆汽车和一辆自行车相撞了。 교차로에서 자동차와 자전거가 부딪쳤다.

➕（～を）ぶつける 碰上，撞上 / (～을) 부딪치다 / 부딪뜨리다

491 □ 動	ひく	車の前に犬がいたので、ひかないように注意した。（くるま まえ いぬ ちゅうい）
	轧 자동차 / 자전거 등으로 치다	车前面有一只狗，我小心翼翼，以免轧到它。 차 앞에 개가 있었기 때문에 치지 않도록 주의했다.
492 □ 名	ハンドル	初めてハンドルをにぎったときは、緊張した。（はじ きんちょう）
	方向盘 핸들	第一次手握方向盘时，我很紧张。 처음 핸들을 쥘 때는 긴장했다.
493 □ 名	トランク	車のトランクに、ゴルフの道具が入っている。（くるま どうぐ はい）
	后备厢 트렁크	车子的后备厢里装着高尔夫球用具。 차 트렁크에 골프 도구가 들어 있다.
494 □ 名	エンジン	この車のエンジンの音は、ちょっとおかしい。（くるま おと）
	引擎 엔진	这辆车引擎的声音有点奇怪。 이 차의 엔진 소리가 좀 이상하다.
495 □ 名	中古車（ちゅうこしゃ）	いろいろ考えて、中古車を買うことにした。（かんが ちゅうこしゃ か）
	二手车 중고차	考虑再三，我决定买二手车。 여러 가지 생각해서 중고차를 구입하기로 결정했다.

⟷ 新車（しんしゃ）

496 □ 名	トラック	トラックが、私の車を追い越していった。（わたし くるま お こ）
	卡车 트럭	一辆卡车超过我的车，开走了。 트럭이 내 차를 추월해 갔다.

N3

Chapter 5

勉強しよう！

べんきょう

好好学习！

공부하자！

Section 1

学校（がっこう）

学校 / 학교

497	入学式（にゅうがくしき）	入学式（にゅうがくしき）のころ、さくらが咲（さ）く。
名	开学典礼 입학식	开学典礼时，樱花将开。 입학식 때쯤 벚꽃이 핀다.

➕ (～に)入学（にゅうがく）する・(学校（がっこう）に)入（はい）る 入学 / (～ 에) 입학하다 / (학교에) 들어간다

498	卒業式（そつぎょうしき）	卒業式（そつぎょうしき）の日（ひ）、大（おお）きな声（こえ）で泣（な）いた。
名	毕业典礼 졸업식	毕业典礼那天，我大声地哭了。 졸업식 날 , 큰 소리로 울었다 .

➕ (～を)卒業（そつぎょう）する・(学校（がっこう）を)出（で）る 毕业 / (～ 을) 졸업하다 /(학교) 나오다

499	通学（つうがく）〈する〉	私（わたし）はバスと電車（でんしゃ）で通学（つうがく）しています。
名	走读；上学 통학 < 하다 >	我坐公交车和电车上学。 나는 버스와 전철로 통학하고 있습니다 .

500	学年（がくねん）	日本（にほん）の小学校（しょうがっこう）は 6 学年（がくねん）、中学校（ちゅうがっこう）は 3 学年（がくねん）だ。
名	学年；年级 학년	日本的小学是 6 年，初中是 3 年。 일본의 초등학교는 6 학년이고 중학교는 3 학년이다 .

501	学期（がっき）	夏休（なつやす）みが終（お）わって、新（あたら）しい学期（がっき）が始（はじ）まる。
名	学期 학기	暑假结束了，新学期就要开始了。 여름 방학이 끝나고 새 학기가 시작된다 .

502	欠席（けっせき）〈する〉	授業（じゅぎょう）を欠席（けっせき）するときは、学校（がっこう）に連絡（れんらく）してください。
名	缺席 결석 < 하다 >	不能来上课时请联系学校。 수업을 결석할 때는 학교에 연락하십시오 .

↔ 出席（しゅっせき）〈する〉

503	遅（おく）れる	朝（あさ）の電車（でんしゃ）が 30（さんじゅっ）分（ぷん）も遅（おく）れた。
動	晚，延误 늦다 / 지연되다	早上的电车晚点了 30 分钟。 아침 전철이 30 분이나 늦었다 .

504 □ 名	遅刻(ちこく)〈する〉	電車(でんしゃ)が遅(おく)れて、学校(がっこう)に**遅刻(ちこく)して**しまった。
	迟到 지각 < 하다 >	因为电车晚点，我上学迟到了。 전철이 늦어져서 학교에 지각했다.
505 □ 動	サボる	二日(ふつか)も授業(じゅぎょう)を**サボって**、先生(せんせい)にしかられた。
	旷课，旷工 게으름 피우다 / 일을 태만히 하다	我旷了两天课，挨老师批评了。 이틀이나 수업을 빼먹어서 선생님에게 야단을 맞았다.
506 □ 名	集中(しゅうちゅう)〈する〉	授業(じゅぎょう)のとき、なかなか**集中(しゅうちゅう)**できなくて困(こま)った。
	集中 집중 < 하다 >	课堂上怎么都集中不了注意力，真伤脑筋。 수업 때 좀처럼 집중이 안 돼서 곤란했다.
507 □ 副	うとうと[と]〈する〉	教室(きょうしつ)が暖(あたた)かいと、**うとうとして**しまう。
	迷迷糊糊 꾸벅꾸벅 / 깜박깜박 < 졸다 / 하다 >	教室里一暖和，我就犯困。 교실이 따뜻해서 꾸벅꾸벅 졸아버린다.
508 □ 名	居眠(いねむ)り〈する〉	**居眠(いねむ)りして**いて、先生(せんせい)に注意(ちゅうい)された。
	打盹儿 앉은 채 졸다	我上课打盹儿，被老师警告了。 앉은 채 졸아서, 선생님에게 주의를 받았다.
509 □ 名 ナ形	寝不足(ねぶそく)〈な〉	最近(さいきん)、**寝不足(ねぶそく)**が続(つづ)いている。(名) 最近(さいきん)ずっと**寝不足(ねぶそく)で**、授業中(じゅぎょうちゅう)に眠(ねむ)くなる。(ナ形)
	睡眠不足 수면 부족 < 이다 >	最近一直睡眠不足。 最近一直睡眠不足，所以课堂上就犯困。 최근 수면 부족이 계속되고 있다. 최근 계속된 수면 부족으로 수업 시간에 졸음이 온다.
510 □ 名	期間(きかん)	テスト**期間(きかん)**なので、毎日(まいにち)遅(おそ)くまで勉強(べんきょう)している。
	期间 기간	现在是考试期间，所以我每天都学习到很晚。 테스트 기간이므로 매일 늦게까지 공부하고 있다.
511 □ 名	期限(きげん)	宿題(しゅくだい)の**期限(きげん)**は、明日(あした)までだ。
	期限 기한	作业提交的期限到明天为止。 숙제 기한은 내일까지이다.

512 □ 名

時間割（じかんわり）

先生から、新しい時間割をもらった。
（せんせい／あたら／じかんわり）

课程表
시간표

老师发了新的课程表。
선생님으로부터 새로운 시간표를 받았다.

513 □ 名

項目（こうもく）

資料を、項目に分けて整理する。
（しりょう／こうもく／わ／せいり）

项目
항목

分项整理资料。
자료를 항목으로 나누어 정리한다.

514 □ 名

座席（ざせき）

クラスの座席は、1か月に1度変える。
（ざせき／いっ／げつ／ど／か）

座位
좌석

班上的座位一个月一换。
클래스 좌석은 한 달에 한 번 바꾼다.

515 □ 名

締め切り（しめきり）

試験の申し込みは、金曜日が締め切りだ。
（しけん／もう／こ／きんようび／し／き）

截止日期
마감

考试申请截止到周五。
시험 신청은 금요일이 마감이다.

＋ 締め切る（しめきる） 截止 / 마감하다

516 □ 動

開く（ひらく）

教科書の 123 ページを開いてください。
（きょうかしょ／ひゃくにじゅうさん／ひら）

打开
열다 / 펴다

请翻开教材第 123 页。
교과서 123 페이지를 펴 주세요.

↔ 閉じる（とじる）

517 □ 副

一応（いちおう）

答えを書いたら、一応確認しよう。
（こた／か／いちおう／かくにん）

姑且；大致
일단

写好答案后，再大致检查一遍。
답변을 쓰면 일단 확인하자.

518 □ 副

きちんと〈する〉

宿題は、毎日きちんと出してください。
（しゅくだい／まいにち／だ）

准时；好好地
제대로 / 정확히 / 깔끔히 / 바르게 <하다>

每天请准时交作业。
숙제는 매일 제대로 내주십시오.

519 □ 名

きっかけ

先生との出会いがきっかけで、勉強が好きになった。
（せんせい／であ／べんきょう／す）

开端；机会
계기

自从遇到了老师，我就喜欢上了学习。
선생님과의 만남을 계기로 공부를 좋아하게 되었다.

520 □ イ形	かしこい	あの子(こ)はかしこくて、親(おや)の手伝(てつだ)いもよくする。
	聰明 영리하다	那孩子聪明伶俐，还经常帮父母做事情。 그 아이는 영리하고, 부모의 심부름도 잘한다.
521 □ 名	貸(か)し出(だ)し	図書館(としょかん)の本(ほん)の貸(か)し出(だ)しは、1回(いっかい)5冊(さつ)までです。
	出借 대출	图书馆的书，一次最多借5本。 도서관의 책의 대출은 1회 5권까지 입니다.

➕ 貸(か)し出(だ)す 出借 / 대출하다

522 □ 名	返却(へんきゃく)〈する〉	この本(ほん)は、2週間以内(しゅうかんいない)に返却(へんきゃく)してください。
	归还 반환 <하다>	请在两周内归还这本书。 이 책은 2주 이내에 반환해야 합니다.
523 □ 名	名札(なふだ)	中学校(ちゅうがっこう)までは、学校(がっこう)で名札(なふだ)をつけていた。
	姓名牌 이름표	我在学校一直带着姓名牌，直到上完初中。 중학교까지는 학교에서 이름표를 달았다.
524 □ 名	給食(きゅうしょく)	子(こ)どものころ、給食(きゅうしょく)がとても楽(たの)しみだった。
	配餐 급식	小时候，我很期待学校提供的午餐。 어렸을 때 급식은 큰 즐거움이었다.
525 □ 名	体育(たいいく)	勉強(べんきょう)はできなかったが、体育(たいいく)は得意(とくい)だった。
	体育 체육	我虽然学习不好，但体育很好。 공부는 못했지만, 체육은 특기 과목이었다.

➕ 体育館(たいいくかん) 体育馆 / 체육관

Section 2

勉強
べんきょう

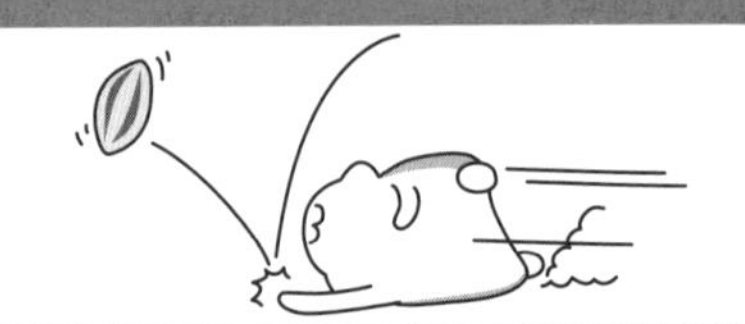

学习 / 공부

526 □ 名

単語
たんご

単语を、たくさん覚えよう。
たんご　おぼ

单词
단어

多记单词。
단어를 많이 외우자 .

527 □ 名

アクセント

アクセントに注意して、発音しよう。
ちゅうい　はつおん

音调
악센트

发音时要注意音调。
악센트에 주의해서 발음하자 .

528 □ 名

暗記〈する〉
あんき

この文を暗記するのに、1時間もかかった。
ぶん　あんき　じかん

背诵
암기 < 하다 >

背诵这个句子，花了我 1 个小时。
이 문장을 암기하는 데 1 시간이 걸렸다 .

529 □ 名

記憶〈する〉
きおく

小学校のとき、この本を読んだ記憶がある。
しょうがっこう　ほん　よ　きおく

记忆
기억 < 하다 >

我记得上小学时读过这本书。
초등학교 때 , 이 책을 읽은 기억이 있다 .

＋ 記憶力（きおくりょく） 记忆力 / 기억력

530 □ 動

くり返す
かえ

日本語の文を、何回もくり返して読む。
にほんご　ぶん　なんかい　かえ　よ

反复
반복하다

反复读几遍日语句子。
일본어 문장을 여러 번 반복하여 읽는다 .

＝ リピートする

531 □ 動

聞き取る
き　と

単語を聞き取って、書いてください。
たんご　き　と　か

听取
청취하다

听单词，然后写下来。
단어를 청취하고 써 주세요 .

＋ 聞き取り（きとり） 听力，听取 / 청취 / 듣기

No.	単語	例文
532 □	聞き返す（きかえす）	先生の話がよく聞き取れなかったので、聞き返した。
動	反复问；反问 반문하다 / 되묻다 / 다시 묻다	我没听清老师说的话，所以重新问了一次。 선생님의 말이 잘 들리지 않아서 다시 물었다 .
533 □	聞き直す（ききなおす）	発音を確認するために、もう一度 CD を聞き直した。
動	重新听 다시 듣다	为了确认发音，我又听了一遍 CD。 발음을 확인하기 위해 다시 한번 CD 를 들었다 .
534 □	言い直す（いいなおす）	発音を間違えたので、言い直した。
動	重新说 환언하다 / 말 바꾸다 / 다시 말하다	因为发音错了，所以我重新说了一遍。 발음을 실수했기 때문에 다시 말했다 .
535 □	英会話（えいかいわ）	英会話を習っているが、なかなかうまくならない。
名	英语会话 영어 회화	我在学英语会话，但怎么都学不好。 영어 회화를 배우고 있지만 좀처럼 잘 안된다 ./ 실력이 늘지 않는다 .
536 □	入門（にゅうもん）	フランス語の入門クラスで勉強しています。
名	入门 입문	我在上法语的入门班。 프랑스어 입문 클래스에서 공부하고 있습니다 .
537 □	下書き〈する〉（したがき）	作文は、まず下書きをしたほうがいい。
名	草稿 초안 < 쓰다 >	写作文最好先打草稿。 작문은 먼저 초안을 쓰는 편이 좋다 .
538 □	清書〈する〉（せいしょ）	清書はていねいに、きれいに書きましょう。
名	誊写 정서 < 하다 >	誊写时，要写得认真、整洁。 정서는 정성껏 깨끗이 씁시다 .

539 □ 動	表れる (あらわ)	書いた文字には、その人の気持ちが表れる。
	表现出 나타나다 / 드러나다	文字能够表现出写作人的心情。 쓴 글자는 그 사람의 마음이 드러난다.

➕ (〜を) 表す(あらわ) 表现 / (〜을) 나타내다 / 드러내다

540 □ 名	物語 (ものがたり)	寝る前に、日本の物語を読む。
	故事 이야기	睡觉前阅读日本故事。 잠을 자기 전에 일본의 이야기를 읽는다.
541 □ 名	教科 (きょうか)	私の好きな教科は、数学です。
	课程 교과	我喜欢的课程是数学。 내가 좋아하는 교과 과목은 수학입니다.

➕ 国語(こくご) 语文 / 국어・理科(りか) 理科 / 이과・算数(さんすう) 算术 / 산수

542 □ 名	科目 (かもく)	水曜日は、好きな科目の授業を選べる。
	学科 과목	周三可以选修喜欢的课。 수요일은 좋아하는 과목의 수업을 선택할 수 있다.
543 □ 名	足し算 (たしざん)	大きな数字の足し算は間違えそうだ。
	加法 덧셈	数字大的加法容易错。 큰 숫자의 덧셈은, 틀릴 것 같다.

↔ 引き算(ひきざん) ➕ かけ算(ざん) 乘法 / 곱셈・割り算(わりざん) 除法 / 나눗셈

544 □ 名	イコール	「=」はイコールと読む。
	等于 등호	"=" 读作 "等于"。 "=" 은 등호 (이콜 ; 같음표)(이) 라고 읽는다.
545 □ 名	グラフ	次のグラフを見て、答えてください。
	图表 그래프	看以下图表，然后作答。 다음 그래프를 보고 답하십시오.
546 □ 名	三角形 (さんかくけい)	紙を三角形に折る。
	三角形 삼각형	把纸折成三角形。 종이를 삼각형으로 접는다.

〓 三角(さんかく) ➕ 四角(しかく) 四方形 / 사각 (형)

547

定規（じょうぎ）

名

尺子

자

箱の大きさを定規で測る。

用尺子测量箱子的大小。

상자의 크기를 자로 측정한다 .

= ものさし

548

センチ

名

厘米

센티

1メートルは、何センチですか。

1 米是多少厘米?

1 미터는 몇 센티입니까 ?

549

自習（じしゅう）〈する〉

名

自习

자습 < 하다 >

先生が来るまで、自習していてください。

老师来之前，请大家自习。

선생님이 올 때까지 자습해 주세요 .

550

ローマ字（じ）

名

罗马字

로마자

ここに、ローマ字で名前を書いてください。

请在这里用罗马字写上名字。

여기에 로마자로 이름을 써 주세요 .

551

補講（ほこう）〈する〉

名

补课

보강 < 하다 >

昨日欠席した人は、今日、補講があります。

昨天缺席的人，今天要补课。

어제 결석한 사람은 오늘 보강이 있습니다 .

＋ 補習（ほしゅう） 补习 / 보충 학습

552

（えんぴつを）けずる

動

削（铅笔）

(연필을) 깎다

息子は、ナイフでえんぴつをけずれない。

儿子不会用小刀削铅笔。

아들은 칼로 연필을 깎을 줄 모른다 .

Section 3

日本の大学
にほん　だいがく

日本的大学 / 일본의 대학

553 学部（がくぶ） 名

院系 / 학부

人気の学部に、定員の50倍の学生が集まった。
（にんき　がくぶ　ていいん　ごじゅうばい　がくせい　あつ）

热门院系吸引了50倍于招生人数的学生。
인기 학부에 정원의 50 배의 학생들이 모였다.

554 文系（ぶんけい） 名

文科 / 문과

ほとんどの大学では、文系に女子が多い。
（だいがく　ぶんけい　じょし　おお）

几乎所有的大学里，文科都是女生多。
대부분의 대학에서는 문과에 여자가 많다.

555 理系（りけい） 名

理科 / 이과

化学が好きなので、理系に進んだ。
（かがく　す　りけい　すす）

我喜欢化学，所以选了理科。
화학을 좋아해서 이과에 진학했다.

556 学科（がっか） 名

专业 / 학과

私は外国語学部の日本語学科で勉強している。
（わたし　がいこくごがくぶ　にほんご　がっか　べんきょう）

我在外语系日语专业学习。
나는 외국어 학부 일본어 학과에서 공부하고 있다.

➕ 心理学（しんりがく） 心理学 / 심리학・物理学（ぶつりがく） 物理学 / 물리학・法学（ほうがく） 法学 / 법학・言語学（げんごがく） 语言学 / 언어학

557 専攻〈する〉（せんこう） 名

专业 / 전공 <하다>

大学で何を専攻するか、よく考えて受験する。
（だいがく　なに　せんこう　かんが　じゅけん）

报考时要想清楚上大学选什么专业。
대학에서 무엇을 전공할지 잘 생각해서 응시 / 수험한다.

558 前期（ぜんき） 名

上学期 / 전기

明日から前期の試験が始まる。
（あした　ぜんき　しけん　はじ）

上学期的考试从明天开始。
내일부터 전기 시험이 시작된다.

⟷ 後期（こうき）

559 学費（がくひ） 名

学费 / 학비

この大学の学費は、あまり高くない。
（だいがく　がくひ　たか）

这所大学的学费不太高。
이 대학의 학비는 그다지 비싸지 않다.

➕ 授業料(じゅぎょうりょう) 课时费 / 수업료

"学費"包括教材费以及课时费。
"学費"는 수업료에 교재비 등을 더한 돈.

No.	単語	例文
560 □ 名	奨学金(しょうがくきん) **奖学金** **장학금**	今年(ことし)から奨学金(しょうがくきん)が、もらえることになった。 从今年起，我可以领奖学金了。 올해부터 장학금을 받을 수 있게 됐다.
561 □ 名	公立(こうりつ) **公立** **공립**	高校(こうこう)まで、公立(こうりつ)の学校(がっこう)に通(かよ)っていた。 到高中为止，我一直上的公立学校。 고등학교까지 공립학교에 다녔다.

➕ 国立(こくりつ) 国立 / 국립 ・ 県立(けんりつ) 县立 / 현립 ・ 市立(しりつ) 市立 / 시립

No.	単語	例文
562 □ 名	私立(しりつ) **私立** **사립**	東京(とうきょう)には、有名(ゆうめい)な私立(しりつ)大学(だいがく)がたくさんある。 东京有许多知名的私立大学。 도쿄에는 유명한 사립 대학이 많다.
563 □ 名	教授(きょうじゅ) **教授** **교수**	法学部(ほうがくぶ)の田中(たなか)教授(きょうじゅ)は、とても有名(ゆうめい)な人(ひと)だ。 法学系的田中教授非常有名。 법학부의 다나카 교수는 매우 유명한 사람이다.
564 □ 名	講義(こうぎ)〈する〉 **课，讲课** **강의 <하다>**	鈴木(すずき)教授(きょうじゅ)の講義(こうぎ)は、学生(がくせい)に大人気(だいにんき)だ。 铃木教授的课深受学生的欢迎。 스즈키 교수의 강의는 학생들에게 인기다.
565 □ イ形	えらい **了不起** **훌륭하다 / 대단하다**	この大学(だいがく)には、えらい教授(きょうじゅ)が多(おお)い。 这所大学里有很多了不起的教授。 이 대학은 훌륭한 교수가 많다.
566 □ 名	ゼミ **研究班** **세미나**	どのゼミを選(えら)ぶか、まだ考(かんが)えている。 我还在考虑要选择哪一个研究班。 어떤 세미나를 선택할지 아직 생각 중이다.
567 □ 名	テーマ **主题** **테마 / 주제**	論文(ろんぶん)のテーマを、来週(らいしゅう)までに決(き)めなければいけない。 下周之前必须决定论文的主题。 논문 주제를 다음 주까지 결정하지 않으면 안 된다.

568 □ 名	手続き〈する〉 (てつづ)	入学の手続きは、金曜日までにしなければならない。(にゅうがく てつづ きんようび)
	手续 절차를 밟다	周五之前必须办理入学手续。 입학 절차는 금요일까지 밟아야 한다.
569 □ 名	日付 (ひづけ)	レポートに日付を書いてください。(ひづけ か)
	日期 날짜	请在报告里写上日期。 보고서에 날짜를 적어 주십시오.
570 □ 名	筆者 (ひっしゃ)	この筆者の本は、私にはとても役に立つ。(ひっしゃ ほん わたし やく た)
	笔者，作者 필자	这位作者的书对我很有帮助。 이 필자의 책은 나에게 매우 도움이 된다.
571 □ 名	内容 (ないよう)	レポートの内容はいいが、枚数が足りない。(ないよう まいすう た)
	内容 내용	报告的内容虽好，但页数不够。 보고서의 내용은 좋지만 장수가 부족하다.
572 □ 動	まとめる	考えをまとめて、発表してください。(かんが はっぴょう)
	整理，归纳 정리하다	归纳一下想法，然后发表。 생각을 정리하여 발표해 주십시오.

➕ (～が) まとまる 归纳，有系统 / (~이 / 가) 결정되다

573 □ 動	仕上げる (しあ)	卒業論文を1週間で仕上げた。(そつぎょうろんぶん いっしゅうかん しあ)
	完成 마무리하다 / 완성하다	我用一个星期写完了毕业论文。 졸업 논문을 1 주일에 완성했다.

➕ (～が) 仕上がる (しあ) 完成 / (~이 / 가) 완성되다

574 □ 名	提出〈する〉 (ていしゅつ)	締め切りまでに、レポートを提出しなければ。(し き ていしゅつ)
	提交 제출 <하다>	我得在截止日期之前提交报告。 마감까지 보고서를 제출해야 합니다.

➕ (書類を) 出す (しょるい だ) 提出，提交 / (서류를) 내다

575 □ 名	進路 (しんろ)	大学卒業後の進路について、親に相談した。(だいがくそつぎょうご しんろ おや そうだん)
	前进的方向 진로	我找父母商量了大学毕业后的去向。 대학 졸업 후의 진로에 대해 부모와 상의했다.

576 □ 名	大学院 だいがくいん	私は大学院で、研究をしたいと思っている。 わたし だいがくいん けんきゅう おも
	研究生院 대학원	我想进入研究生院做研究。 나는 대학원에서, 연구를 하고 싶다고 생각하고 있다.
577 □ 名	進学〈する〉 しんがく	大学院進学のための準備をする。 だいがくいんしんがく じゅんび
	升学 진학 <하다>	为考研做准备。 대학원 진학을 위한 준비를 한다.
578 □ 名	一人暮らし ひとりぐ	一人暮らしは楽しいが、ときどきさびしくなる。 ひとりぐ たの
	独自生活 독신생활 / 혼자 살기	一个人生活虽然开心，但有时也会寂寞。 독신생활은 / 혼자 살기는 재미있지만 때로는 외로움을 느끼게 된다.
579 □ 名	アルバイト〈する〉	来月からアルバイトを減らすことにした。 らいげつ へ
	打工，兼职 아르바이트 <하다>	我决定从下个月起少做一些兼职。 다음 달부터 아르바이트를 줄이기로 했다.

＝ バイト〈する〉

580 □ 名	時給 じきゅう	今のバイトの時給は悪くない。 いま じきゅう わる
	时薪 시급	我现在这份兼职的时薪还不差。 지금 하고 있는 아르바이트의 시급은 나쁘지 않다.
581 □ 名	寮 りょう	大学の寮が空いていれば、ぜひ入りたい。 だいがく りょう あ はい
	宿舍 기숙사	如果大学宿舍有空床，我很想住。 대학의 기숙사가 비어 있으면 꼭 들어가고 싶다.
582 □ 名	休学〈する〉 きゅうがく	海外留学するために、2年間休学することにした。 かいがいりゅうがく ねんかん きゅうがく
	休学 휴학 <하다>	为了出国留学，我决定休学两年。 해외 유학하기 위해 2 년간 휴학하기로 했다.
583 □ 名	退学〈する〉 たいがく	経済的な理由で退学した。 けいざいてき りゆう たいがく
	退学 퇴학 <하다>	因为经济上的原因，我退学了。 경제적인 이유로 퇴학했다.

Section 4

試験（しけん）

考试 / 시험

No.	単語	例文
584 □ 名	受験〈する〉（じゅけん） 报考，应考 수험 <하다>	受験のために、毎日10時間勉強している。 为了应考，我每天学习 10 个小时。 수험을 위해 매일 10 시간 공부하고 있다 .

➕ (試験を) 受ける 接受考试，应考 / (시험을) 받다 / 치르다

No.	単語	例文
585 □ 名	受験生（じゅけんせい） 考生 수험생	妹が受験生なので、家族で応援している。 妹妹是考生，全家人都在为她加油。 여동생이 수험생이라 , 가족이 같이 응원하고 있다 .
586 □ 名	合格〈する〉（ごうかく） 合格 합격 <하다>	毎日がんばったのだから、ぜひ合格したい。 我每天都在努力，希望一定要考过。 매일 열심히 했으니 꼭 합격하고 싶다 .

➕ (試験に) 受かる 考上，及格 / (시험에) 합격하다

No.	単語	例文
587 □ 動	配る（くば） 分，发 배부되다	試験の説明のあとで、問題が配られた。 老师宣读完考试说明，就分发了试卷。 시험에 대한 설명 후 문제가 배부되었다 .
588 □ 名	氏名（しめい） 姓名 이름	氏名のところに、ローマ字で名前を書く。 在姓名处用罗马字写上名字。 이름 적는 칸에 로마자로 이름을 쓴다 .
589 □ 動	裏返す（うらがえ） 翻过来 뒤집다	時間になるまで、問題の紙を裏返しておいてください。 考试时间开始之前，请把试卷翻过来放着。 시작 시각이 될 때까지 , 문제 종이를 뒤집어 두십시오 .

➕ 裏返し 翻里作面；表里相反 / 뒤집기

590 □ 名	問い(と)	問い(と)をよく読んで(よ)から、答え(こた)ましょう。
	题目 질문	认真读题目，然后作答。 질문을 잘 읽고 나서 대답합시다.

➕ 問う(と) 问，询问 / 묻다

591 □ 動	解く(と)	どんどん問題(もんだい)を解いて(と)いく。
	解答 해결하다	一题接一题地作答。 계속 문제를 풀어나간다.
592 □ 名	正解(せいかい)〈する〉	試験(しけん)が終わ(お)ったら、正解(せいかい)の紙(かみ)を配(くば)ります。
	正确答案 바르게 해답 <하다>	考完之后会发正确答案。 시험이 끝나면 정답 종이를 나눠 줍니다.

🟰 正答(せいとう)〈する〉

593 □ 名 ナ形	正確(せいかく)〈な〉	漢字(かんじ)は正確(せいかく)に書(か)いてください。(ナ形)
	准确 정확하게 / 정확히	请准确地写出汉字。 한자는 정확하게 써 주세요.
594 □ 副	すらすら［と］	問題(もんだい)が簡単(かんたん)なので、すらすらと解(と)けた。
	顺利地 술술	题目很简单，我答得很顺利。 문제가 간단해서 술술 풀렸다.
595 □ 副	ちっとも	何度(なんど)問題(もんだい)を読(よ)んでも、ちっともわからない。
	一点儿（也不） 조금도	读了好几遍题目，还是完全不明白。 여러 번 문제를 읽어도 조금도 모르겠다.
596 □ 名	カンニング〈する〉	カンニングをした学生(がくせい)が、注意(ちゅうい)された。
	作弊 커닝 <하다>	作弊的学生受到了警告。 커닝을 한 학생이 주의를 받았다.
597 □ 名 ナ形	ぎりぎり〈な〉	これが合格(ごうかく)ぎりぎりの点(てん)だった。(名) 試験(しけん)の時間(じかん)ぎりぎりに間(ま)に合(あ)った。(ナ形)
	最大限度，极限 시간에 여유가 없다 / 빠듯 <하다>	这个分数刚刚好及格。 差一点儿没赶上考试。 이것이 합격에 통과한 빠듯한 점수이었다. 시험 시간에 빠듯했다.

598 □ 動

余る（あま）

問題が早く解けたので、時間が余った。

剩 / 남다

题目做得快，我还剩了一些时间。

문제를 빨리 풀었기 때문에 시간이 남았다.

599 □ ナ形

適当な（てきとう）

①4つの中から、適当な答えを1つ選びなさい。

②彼の仕事は、いつも適当で、みんな怒っている。

恰当；敷衍 / 적당한 / 적당히

①请从 4 个选项中选择恰当的 1 项。

②他做工作总是敷衍了事，大家都很生气。

① 4 개 중에서 적당한 대답을 하나 선택하십시오.

② 그는 일을 항상 적당히 처리해서 모두가 화를 내고 있다.

①正确选项 ②马马虎虎

① 적절히, 알맞게 ② (요령을 부리어) 적당히

600 □ 名 ナ形

でたらめ〈な〉

全然わからないので、でたらめな答えを書いた。(ナ形)

胡来，胡说八道 / 엉터리인 / 터무니없는

我完全不懂，于是就胡乱作答了。

전혀 모르기 때문에 터무니없는 대답을 썼다.

601 □ 名

間違い（まちが）

試験の問題に間違いがあった。

错误 / 잘못

考试题目有错。

시험 문제에 잘못이 있었다.

➕ 間違う 错 / 틀리다 / 실수하다・間違える 弄错 / 잘못하다

602 □ 動

優れる（すぐ）

彼女は学力が優れている。

优秀 / 우수하다

她的学习能力很优秀。

그녀는 학력이 우수하다.

要使用"優れている""優れた"的形式。

"優れている" "優れた" 의 형태로 사용한다.

603 □ 名

実力（じつりょく）

試験で、100パーセント実力を出すのは難しい。

实力 / 실력

考试时很难发挥 100% 的实力。

시험에서 100% 실력을 내는 것은 어렵다.

604 □ 名

結果（けっか）

早く結果を知りたいが、知るのが怖い。

结果 / 결과

我想早一点知道结果，却又害怕知道。

빨리 결과를 알고 싶지만, 결과를 알게 되는 것이 두렵다.

605 □ 名	少数 しょうすう	この試験は少数の人しか合格しない。 しけん しょうすう ひと ごうかく
	少数 **소수**	该考试只有少数人合格。 이 시험은 소수의 사람밖에 합격하지 못한다.
606 □ 名	可能性 かのうせい	自分が大学に受かる可能性を信じたい。 じぶん だいがく う かのうせい しん
	可能性 **가능성**	我相信自己考上大学的可能性。 자신이 대학에 합격할 가능성을 믿고 싶다.
607 □ 動	あきらめる	どんな結果でも、あきらめない。 けっか
	放弃 **포기하다**	不管结果怎么样，我都不会放弃。 어떤 결과에도 포기하지 않는다.
608 □ 名	掲示板 けいじばん	掲示板に、試験のお知らせがはってある。 けいじばん しけん し
	布告栏 **게시판**	布告栏上贴着考试通知。 게시판에 시험 안내가 붙어 있다.

Section 5

もっとがんばれ！

继续加油！ / 더 힘내라！

No.	語	例文
609 □ 名	知識（ちしき）	もっといろいろな知識（ちしき）を増（ふ）やしたい。
	知识 지식	我想学习更多各种各样的知识。 더 다양한 지식을 늘리고 싶다.
610 □ 名	理解（りかい）〈する〉	前（まえ）より早（はや）く日本語（にほんご）が理解（りかい）できるようになった。
	理解 이해 <하다>	比起以前，现在我能够更快地理解日语了。 이전보다 빨리 일본어를 이해할 수 있게 되었다.
611 □ 動	目指（めざ）す	N３合格（ごうかく）を目指（めざ）して毎日（まいにち）がんばっている。
	以……为目标 목표로 하다 / 지향하다	为了通过 N3 级考试，我每天都在努力。 N3 합격을 목표로 매일 노력하고 있다.
612 □ 動	試（ため）す	練習問題（れんしゅうもんだい）で自分（じぶん）の実力（じつりょく）を試（ため）してみよう。
	试 실지로 해보다 / 시험해 보다	通过练习题测试一下自己的实力。 연습 문제에서 자신의 실력을 시험해 보자.
613 □ 名	自信（じしん）	日本語（にほんご）の日常会話（にちじょうかいわ）に自信（じしん）がある。
	自信 자신 / 자신감	我有自信能用日语进行日常会话。 일본어 일상 회화에 자신이 있다.
614 □ 名	やる気（き）	やる気（き）はあるが、なかなか集中（しゅうちゅう）できない。
	干劲 의욕	我有干劲，就是怎么也集中不了。 의욕은 있지만 좀처럼 집중이 안된다.
615 □ イ形	くやしい	９４点（きゅうじゅうよんてん）で不合格（ふごうかく）だった。とてもくやしい。
	令人懊悔，遗憾 분하다 / 억울하다	我考了 94 分，不及格。我很不甘心。 94 점으로 불합격이었다. 너무 억울하다.

616 □ 名	レベル	早くN1レベルの勉強をしたい。
	级别 레벨 / 수준	我想尽快开始学 N1 级。 빨리 N1 레벨의 공부를 하고 싶다.

➕ 生活レベル 生活水平 / 생활수준

617 □ 名 ナ形	利口〈な〉	弟は利口で、医者になることを目指している。（ナ形）
	聪明伶俐 똑똑 / 영리 <한>	弟弟很聪明，他立志要当医生。 동생은 똑똑해서 의사가 되는 것을 목표로 하고 있다.

↔ ばか〈な〉

618 □ 副	さっそく	勉強した単語を、さっそく使ってみる。
	立刻，马上 즉시 / 곧 / 바로	学到的单词，我会马上用用看。 공부한 단어를 바로 사용해 본다.
619 □ 副	ざっと	テスト前に教科書をざっと復習した。
	粗略地 대충	考试前，我把教材粗略地复习了一下。 시험 전에 교과서를 대충 복습했다.
620 □ 副	しっかり［と］〈する〉	彼は毎日しっかり予習も復習もしている。
	好好地 확실히 / 꼭 / 착실히 <하다>	他每天都认认真真地预习、复习。 그는 매일 착실히 예습도 복습도 하고 있다.
621 □ 副	じっくり［と］	時間はあるので、じっくりと解いてください。
	慢慢地，仔细地 차분히	时间充裕，请仔细作答。 시간은 있으니까, 차분히 풀어주세요.
622 □ ナ形 副	相当〈な〉	今日のテストは、相当難しかった。（副）
	相当 상당히 / 제법 / 대단히	今天的考试相当难。 오늘의 시험은 상당히 어려웠다.
623 □ ナ形 副	まあまあ〈な〉	この問題で80点なら、まあまあだろう。（ナ形）
	凑合，还说得过去 그럭저럭 / 그저 그런대로	这种题考了 80 分，还凑合吧。 이 문제로 80 점이라면 그저 그런 정도다.

624 □ 名

努力〈する〉(どりょく)

努力すれば、きっといい結果(けっか)になる。

努力
노력 <하다>

只要努力，就一定会有好的结果。
노력하면 반드시 좋은 결과가 있다.

625 □ 動

なまける

昨日(きのう)の夜(よる)なまけたので、テストの点(てん)が悪(わる)かった。

懒惰
게으름 피우다

昨晚我偷懒了，所以考试得分很低。
어젯밤 게으름을 피워서, 시험 점수가 나빴다.

➕ なまけ者(もの) 懒惰的人 / 게으름뱅이

626 □ ナ形

得意な(とくい)

努力(どりょく)したので、会話(かいわ)も得意(とくい)になった。

擅长
자신이 있다

我付出了努力，于是会话也变成我擅长的了。
노력했기 때문에 회화도 자신이 있게 되었다.

627 □ ナ形

苦手な(にがて)

苦手(にがて)な科目(かもく)は作文(さくぶん)だ。

不擅长
서투른 / 다루기 어렵고 싫은

我不擅长写作文。
서투른 과목은 작문이다.

628 □ 名

マスター〈する〉

外国語(がいこくご)をマスターするのは大変(たいへん)だ。

精通
완전히 습득하다 / 마스터 <하다>

精通一门外语是很不容易的。
외국어를 마스터하는 것은 매우 힘들다.

629 □ 動

問い合わせる(とあ)

日本語能力試験(にほんごのうりょくしけん)について、電話(でんわ)で問(と)い合(あ)わせた。

询问
문의하다

我打电话询问了日语能力考试的事情。
일본어 능력 시험에 대해 전화로 문의했다.

➕ 問(と)い合(あ)わせ 询问 / 문의

これも覚えよう！ ❶

接続詞　接续词 / 접속사

• 理由------結果

原因 ------ 结果 / 이유 ------ 결과

だから・それで・ですから・そのため・したがって

所以，因此 / 그래서 · 그래서 · 그러니까 · 그 때문에 · 따라서

明日は部長が出張だ。したがって、会議は中止だ。

明天部长出差。所以，会议取消。 / 내일은 부장이 출장이다 . 따라서 회의는 중단이다 .

• 結果------理由

结果 ------ 原因 / 결과 ------ 이유

だって・なぜなら・なぜかというと・というのは・というのも

因为，是因为 / 하지만 · 왜냐하면 · 왜인가 하면 · 이라는 것은 · 왜냐하면

最近とても忙しい。というのも、アルバイトを始めたからだ。

最近我非常忙。这是因为我开始做兼职了。

최근 너무 바쁘다 . 왜냐하면 아르바이트를 시작했기 때문이다 .

• 状況・理由------提案

情况・原因 ------ 提议 / 상황 · 이유 ------ 제안

じゃ・それじゃ・だったら・それなら・それでは

那么，那样的话 / 그럼 · 그럼 · 이라고 하면 · 그렇다면 · 그럼

A「明日は台風が来るらしいよ。」
B「じゃ、遊びに行くのはやめよう。」

A：好像明天会刮台风。 / 내일은 태풍이 올 것 같아 .

B：那我们不出去玩了。 / 그럼 , 놀러 가지 말자 .

• A +------B

A+------B / A+------B

しかも・そのうえ　而且，加上 / 게다가 · 그 위에

あのレストランの料理は、とてもおいしい。そのうえ、安い。

那家餐厅的菜非常好吃，而且便宜。

그 식당의 음식은 매우 맛있다 . 게다가 값이 싸다 .

- **A┈┈Aの要約**

A------A 的概括 / A------A 의 요약

つまり・要するに 也就是说，总而言之 / 즉 · 요컨

A「田中さんは、木村さんにだけ親切だよね。」
B「つまり、木村さんを好きだということだね。」

A：田中就只对木村一个人好。/ 다나카 씨는 기무라 씨에게만 친절하지요 .
B：也就是说，他喜欢木村。/ 요컨대 , 기무라 씨를 좋아한다는 것이지요 .

- **状況┈┈予想とは違う結果**

情况 ------ 与预想不同的结果
상황 ------ 예상과는 다른 결과

でも・だけど・けれども・ところが・しかし・だが
但是，可是 / 그렇지만 · 하지만 · 그러나 · 그런데 · 그러나 · 하지만

がんばって勉強した。しかし、テストの点はよくなかった。
我努力地学了。可是，考试的分数不好。
열심히 공부했다 . 그러나 시험 점수는 좋지 않았다 .

- **A┈┈Aの条件・例外**

A------A 的条件、例外情况 / A------A 조건 · 예외

ただ・ただし 不过 / 오직 · 단지 / 다만

今日は牛乳が 1 本 100 円です。ただし、一人 3 本までです。
今天的牛奶 1 瓶 100 日元。不过，每人限购 3 瓶。
오늘은 우유가 1 개에 100 엔입니다 . 단 , 한 사람에 3 개까지입니다 .

- **A┈┈Aとは別の選択**

A------ 不同于 A 的选择 / A------A 와는 다른 선택

または 或者 / 또는

ご連絡は、メールまたは電話でお願いします。
请通过邮件或电话联系。
연락은 메일 또는 전화로 부탁합니다 .

“それとも” 用于疑问句 / " それとも " 는 의문문에 사용

大阪へは飛行機で行きますか。それとも、新幹線で行きますか。
您去大阪是坐飞机，还是坐新干线?
오사카에 비행기로 갑니까 ? 아니면 신칸센으로 갑니까 ?

N3

Chapter 6

仕事（しごと）

工作

일

単語（たんご） No.

Section 1

就職（しゅうしょく）

就业 / 취업

No.	語	例文
630 □ 名	企業（きぎょう） 企业 기업	興味（きょうみ）がある企業（きぎょう）が、いくつかある。 有几家我感兴趣的企业。 관심이 있는 기업이 몇 곳이 있다.
631 □ 名	ホームページ 官网 홈페이지	行（い）きたい会社（かいしゃ）のホームページをチェックする。 到我想去的公司的官网上看一看。 가고 싶은 회사 홈페이지를 체크한다.

➕ ウェブサイト 网站 / 웹 사이트・ウェブページ 网页 / 웹 페이지

No.	語	例文
632 □ 名	条件（じょうけん） 条件 조건	就職（しゅうしょく）の条件（じょうけん）は、企業（きぎょう）によって違（ちが）う。 不同的企业有不同的入职条件。 취업 조건은 기업에 따라 다르다.
633 □ 名	募集（ぼしゅう）〈する〉 招募 모집 <하다>	サイトを見（み）て、募集（ぼしゅう）の条件（じょうけん）を確認（かくにん）した。 我看了一下网站，确认了招聘条件。 사이트를 보고, 모집 조건을 확인했다.
634 □ 名	応募（おうぼ）〈する〉 应征，应募 응모 <하다>	３つ（みっ）の企業（きぎょう）に応募（おうぼ）してみようと思（おも）っている。 我打算应聘 3 家企业。 3 개의 기업에 응모해 보려고 한다.
635 □ 名	登録（とうろく）〈する〉 登记，注册 등록 <하다>	就職（しゅうしょく）サイトに登録（とうろく）した。 我在求职网站上注册了。 취업 사이트에 등록했다.
636 □ 名	面接（めんせつ）〈する〉 面试 면접 <하다>	面接（めんせつ）の翌日（よくじつ）、さっそく連絡（れんらく）が来（き）た。 面试的第二天，我很快就收到联系了。 면접한 다음 날 바로 연락이 왔다.

No.	単語	例文
637 □ 名	履歴書 (りれきしょ) 简历 이력서	履歴書のために写真を撮った。(りれきしょ / しゃしん / と) 因为简历需要照片，我去拍了一张。 이력서를 쓰기 위해 사진을 찍었다.
638 □ 名	記入〈する〉(きにゅう) 填写 기재 < 하다 >	履歴書に趣味を記入した。(りれきしょ / しゅみ / きにゅう) 我在简历上填了个人兴趣。 이력서에 취미를 기재했다.
639 □ 名	資格 (しかく) 资格 자격	就職のためには、どんな資格が必要ですか。(しゅうしょく / しかく / ひつよう) 求职需要什么样的资格证? 취업을 위해서는 어떤 자격이 필요합니까?
640 □ 名	服装 (ふくそう) 服装 복장	面接では、髪型や服装にも気をつけましょう。(めんせつ / かみがた / ふくそう / き) 面试时，还要注意发型和服装等。 면접에서는 헤어 스타일과 복장에도 주의합시다.
641 □ 名	長所 (ちょうしょ) 长处，优点 장점	あなたの長所を2つ答えてください。(ちょうしょ / ふた / こた) 请说出你的两个优点。 당신의 장점을 두 가지 대답하십시오.
642 □ 名	短所 (たんしょ) 短处，缺点 단점	あなたの短所は何ですか。(たんしょ / なん) 你的缺点是什么? 당신의 단점은 무엇입니까?
643 □ 名 副	全て (すべ) 全都 전부 / 모두 / 전체 / 모조리	社長の本は、全て読んだ。(副) (しゃちょう / ほん / すべ / よ) 总经理的书我全都读了。 사장님의 책은 전부 읽었다.
644 □ 名	ワイシャツ 白衬衫 와이셔츠	デパートで、面接のためのワイシャツを買った。(めんせつ / か) 我在百货商店买了一件面试穿的白衬衫。 백화점에서 면접을 위한 와이셔츠를 샀다.
645 □ 副	ぜひ 务必，一定 꼭	ぜひ、こちらで働かせていただきたいです。(はたら) 请务必允许我在这里工作。 꼭 이곳에서 일하게 해 주셨으면 합니다.

646 □ 副	ぜひとも	ぜひとも、この会社(かいしゃ)で働(はたら)きたいです。
	务必，无论如何 무슨 일이 있어도 / 반드시	无论如何，我都想在贵公司工作。 무슨 일이 있어도 이 회사에서 일하고 싶습니다.
647 □ 動	やとう	この会社(かいしゃ)では、1000人(せんにん)以上(いじょう)の社員(しゃいん)をやとっているそうだ。
	雇佣 고용하다	听说这家公司聘用了超过 1000 名员工。 이 회사는 1000 명 이상의 직원을 고용하고 있다고 한다.
648 □ 名	採用(さいよう)〈する〉	あの会社(かいしゃ)に採用(さいよう)されるか、心配(しんぱい)だ。
	录用 채용 <하다>	我担心我能不能被那家公司录用。 그 회사에 채용될지 걱정이다.
649 □ 動	受(う)け取(と)る	面接(めんせつ)した会社(かいしゃ)から、採用(さいよう)の書類(しょるい)を受(う)け取(と)った。
	接收 받다	我收到了面试过的那家公司寄来的录用函。 면접한 회사로부터 채용 서류를 받았다.

＋ 受(う)け取(と)り 接收 / 받음 / 수취

650 □ 名	正社員(せいしゃいん)	できれば正社員(せいしゃいん)になりたい。
	正式员工 정규직 사원	可能的话，我希望成为正式员工。 될 수 있으면 정사원이 되고 싶다.

＋ 社員(しゃいん) 员工 / 사원・パート 兼职 / 파트 / 파트타이머 (시간제 근무자)

“社員”包括全职的正式员工，还包括一年一签的员工等。
"社員" 은 , 정규직 외에 1 년 계약 갱신이 있는 계약직 등도 있다.

651 □ 名	サラリーマン	サラリーマンらしいスーツを買(か)った。
	上班族 샐러리맨 (봉급 생활자 / 직장인)	我买了一套适合上班族穿的西装。 직장인다운 정장을 샀다.

＋ OL(オーエル) 办公室女性 / OL(여사무원)

652 □ 名	研修(けんしゅう)〈する〉	採用(さいよう)が決(き)まって、すぐに研修(けんしゅう)が始(はじ)まる。
	培训 연수 <하다>	确定录用之后，马上就会开始培训。 채용이 결정돼서 즉시 연수 교육이 시작된다.

653 □ 名

実習〈する〉（じっしゅう）

研修で習ったことを実習する。（けんしゅう／なら／じっしゅう）

实习，见习
실습 < 하다 >

实践一下培训所学。
연수에서 배운 것을 실습한다.

654 □ 名

インターン

インターンは学生にとって、いい経験だ。（がくせい／けいけん）

实习
인턴

对于学生来说，实习是一段很好的经历。
인턴은 학생들에게 있어서 좋은 경험이다.

655 □ 名

職場（しょくば）

職場では、人との関係がとても大切だ。（しょくば／ひと／かんけい／たいせつ）

职场
직장

在职场，人际关系非常重要。
직장에서는 사람과의 관계가 매우 중요하다.

656 □ 動

得る（え）

仕事から、多くの経験を得ることができる。（しごと／おお／けいけん／え）

获得
얻다

我们能从工作中获得众多经验。
일을 통해 많은 경험을 얻을 수 있다.

657 □ 副

たとえ

たとえ嫌なことがあっても、がんばりたい。（いや）

即使，哪怕
예를 들어

哪怕有不喜欢的事情，我也想努力做好。
예를 들어 싫은 일이 있어도 열심히 일하고 싶다.

Section 2

会社（かいしゃ）

公司 / 회사

No.	単語	例文
658 □ 名	受付（うけつけ）	受付で名前を書かないと、会社の中に入れない。
	前台 접수처 / 안내계	如果不在前台登记姓名，就进不了公司内部。 접수처에서 이름을 쓰지 않으면 회사에 들어갈 수 없다.

➕ 受け付ける（うけつける） 受理，接受 / 접수하다

No.	単語	例文
659 □ 名	ミーティング〈する〉	3時からのミーティングには、社長も出席する。
	会议 미팅 / 회의 <하다>	总经理也将参加 3 点开始的会议。 3 시부터의 미팅 / 회의에는 사장님도 참석한다.
660 □ 動	話し合う（はなしあう）	来月のイベントについて、みんなで話し合った。
	商量 이야기를 나누다 / 논의하다 / 토론하다	大家商量了下个月的活动。 다음 달 이벤트에 대해서 모두와 논의했다.

➕ 話し合い（はなしあい） 商量 / 토론 / 논의

No.	単語	例文
661 □ 名	調整（ちょうせい）〈する〉	出張のスケジュールを調整した。
	调整 조정 <하다>	我调整了出差日程。 출장 일정을 조정했다.
662 □ 名	能力（のうりょく）	A社では、能力のある外国人を採用している。
	能力 능력	A 公司会录用有能力的外国人。 A 사에서는 능력 있는 외국인을 채용하고 있다.
663 □ 名	役割（やくわり）	一人ひとりの役割を、しっかり決めましょう。
	任务 역할	定好每个人的任务。 각각의 역할을 확실히 결정합시다.
664 □ 動	もうかる	会社がもうかるためには、アイディアが必要だ。
	赚钱 이득이 되다 / 벌이가 되다	公司要赚钱，就得需要点子。 회사가 이득을 얻기 위해서는 아이디어가 필요하다.

➕ （～を）もうける 赚钱 / (~ 을) 벌다 / 이익을 보다

665 □ 名

通勤〈する〉 つうきん

通勤に往復で4時間もかかる。

上下班
통근 / 출퇴근 < 하다 >

上下班往返要花 4 个小时。
출퇴근에 왕복 4 시간이나 걸린다.

666 □ 名

早退〈する〉 そうたい

かぜをひいたので、3時くらいに早退した。

早退
조퇴 < 하다 >

我感冒了，所以 3 点左右就早退了。
감기에 걸렸기 때문에 3 시쯤 조퇴했다.

667 □ 名

無断 むだん

社会人が無断で休むなんて、信じられない。

擅自
무단

不敢相信，已经参加工作的人居然擅自不上班。
사회인이 무단결근을 하다니 믿기지 않는다.

668 □ 名

社会人 しゃかいじん

弟は、今年の春から社会人になる。

走入社会的人
사회인

从今年春天开始，弟弟就要参加工作了。
남동생은 올해 봄부터 사회인이 된다.

669 □ 名

一人ひとり ひとり

社長が一人ひとりの意見を聞いた。

每个人
각각 / 각자

总经理听取了每个人的意见。
사장이 각자의 의견을 들었다.

670 □ 名

印鑑 いんかん

銀行の書類のために、印鑑が必要だ。

印鉴
인감

银行文件需要盖章。
은행 서류 때문에 인감이 필요하다.

➕ はんこ 印章 / 도장

671 □ 名

インタビュー〈する〉

番組のインタビューで、仕事について聞かれた。

采访
인터뷰 < 하다 >

在一个电视节目的采访中，我被问到有关工作的事情。
텔레비전 방송 프로그램 인터뷰에서 일에 관하여 질문을 받았다.

672 □ 名

アンケート

会社で商品に関するアンケートを取った。

问卷调查
설문

我在公司进行了有关商品的问卷调查。
회사에서 제품에 대한 설문 조사를 했다.

673 □ 名

回答〈する〉 かいとう

ほとんどの社員が、アンケートに回答した。

回答
회답 / 답변 < 하다 >

几乎所有员工都参加了问卷调查。
대부분의 직원이 설문에 회답했다.

👉 “解答する”用来表示考试作答 / 테스트에 대한 답변은 " 解答〈する〉"

674 □ 名	ノック〈する〉	部屋(へや)に入(はい)るときは、ドアをノックしてください。
	敲 노크 < 하다 >	进房间之前请敲门。 방에 들어갈 때 문을 노크하십시오.
675 □ 名	月末(げつまつ)	この会社(かいしゃ)では月末(げつまつ)が給料日(きゅうりょうび)だ。
	月末 월말	这家公司是月末发工资。 이 회사는 월말이 월급날이다.
676 □ 動	確(たし)かめる	書類(しょるい)を受(う)け取(と)ったら、必(かなら)ず内容(ないよう)を確(たし)かめる。
	确认 확인하다	收到文件后一定要确认一下内容。 서류를 받으면 반드시 내용을 확인한다.
677 □ 副	確(たし)かに	A「今日(きょう)は社長(しゃちょう)が出張(しゅっちょう)なので、会議(かいぎ)は明日(あす)にしましょう。」 B「確(たし)かにそのほうがいいですね。」
	的确 확실히	A：总经理今天出差了，会议改到明天吧。 B：的确，这样比较好。 A " 오늘은 사장님이 출장이니까, 회의는 내일 합시다. " B " 확실히 그렇군요, 그쪽이 좋네요. "

➕ 確(たし)か 确切 / 확실함 / 틀림없음

☞ "確か"用于说话人确信自己的记忆没问题时。
" 確か " 는 자기의 기억에 자신이 있을 때 사용한다.

678 □ 副	とっくに	A「部長(ぶちょう)は？」 B「とっくに帰(かえ)りましたよ。1時間(じかん)くらい前(まえ)に。」
	早就 벌써 / 훨씬 전에	A：部长呢? B：早就回家了。大概 1 个小时之前。 A " 부장님은 ? " B " 벌써 돌아갔습니다. 1 시간쯤 전에. "
679 □ 名	失業(しつぎょう)〈する〉	兄(あに)は先月会社(せんげつかいしゃ)を辞(や)めて、今失業中(いましつぎょうちゅう)だ。
	失业 실업 < 하다 >	哥哥上个月辞职了，现在处于失业状态。 형 / 오빠는 지난달 회사를 그만두고 지금 실업 중이다.

上下関係
じょうげかんけい

上下级关系 / 상하 관계

680 □ 名	上司（じょうし）	上司（じょうし）はきびしいほうが、いいと思（おも）う。
	上司 상사	我觉得上司严厉一点儿比较好。 상사는 엄격한 편이 좋다고 생각한다.
681 □ 名	部下（ぶか）	この会社（かいしゃ）では、部下（ぶか）が上司（じょうし）に自由（じゆう）に意見（いけん）を言（い）える。
	部下 부하	在这家公司，部下可以自由地对上司说出自己的意见。 이 회사에서는 부하가 상사에게 자유롭게 의견을 말할 수 있다.
682 □ 名	先輩（せんぱい）	私（わたし）と先輩（せんぱい）は、兄弟（きょうだい）のように親（した）しい。
	前辈，比自己早进入公司的同事 선배	我和比我早进公司的同事关系亲近，就像亲兄弟一样。 저와 선배는 형제처럼 친하다.
		↔ 後輩（こうはい）
683 □ 名	肩書き（かたがき）	田中（たなか）さんの肩書（かたが）きは課長（かちょう）だ。
	头衔 직함	田中先生的职位是课长。 다나카 씨의 직함은 과장이다.
684 □ 名	アドバイス〈する〉	先輩（せんぱい）のアドバイスは役（やく）に立（た）つ。
	建议 어드바이스 / 조언 < 하다 >	前辈的建议很有用。 선배의 조언은 도움이 된다.
685 □ 名	ひとこと	何（なに）かひとことアドバイスをお願（ねが）いします。
	一句话 한마디 말	请给我一点儿建议。 뭔가 한마디 조언을 부탁드립니다.
686 □ 名	同僚（どうりょう）	あの会社（かいしゃ）の同僚（どうりょう）はみんないい人（ひと）だった。
	同事 동료	那家公司的同事都是好人。 그 회사의 동료는 모두 좋은 사람이었다.

687 同期（どうき） 名	私の同期は10人しかいない。
同期，同时进入公司的同事 / 동기	和我同时进公司的一共只有10个人。 / 내 동기는 10 명밖에 없다.
688 休暇（きゅうか） 名	上司に許可をもらって、休暇を取った。
休假 / 휴가	我得到了上司的同意，请假了。 / 상사한테 허가를 받고 휴가를 받았다.
689 オフ 名	オフの日も、会社の同期と会う。
休息日 / 오프 / 쉬는 날	休息日，我也会跟和我同时进公司的同事见面。 / 쉬는 날에도 회사의 동기와 만난다.

＋ オン 上班日 / 온 / 일하는 날

690 責任（せきにん） 名	今の仕事は責任が重い。
责任 / 책임	我现在这份工作责任重大。 / 지금의 일은 책임이 무겁다.

＋ 無責任な（むせきにん） 不负责任的 / 무책임한

691 プレッシャー 名	上司からのプレッシャーに負けたくない。
压力 / 압력 /(정신적 심리적) 압박	我不想屈服于上司施加的压力。 / 상사로부터의 압력에 지고 싶지 않다.
692 不満〈な〉（ふまん） 名 ナ形	不満があるなら、はっきり言うべきだ。(名) / 不満な気持ちを上司に伝えた。(ナ形)
不满 / 불만인 / 불만이다	要是有不满，应该明确地说出来。 / 我向上司表达了我的不满情绪。 / 불만이 있다면 분명히 말해야 한다. / 불만인 기분을 상사에게 전했다.
693 命令〈する〉（めいれい） 名	会社の命令にノーと言えない。
命令 / 명령 <하다>	我无法对公司的命令说"不"。 / 회사의 명령에 "NO" 라고 말할 수 없다.
694 指示〈する〉（しじ） 名	上司に指示されたことを忘れてしまった。
指示，吩咐 / 지시 <하다>	我彻底忘记上司吩咐的事情了。 / 상사에게 지시받은 것을 잊어버렸다.

695 □ 名

苦労〈する〉（くろう）

仕事を覚えるために、苦労した。（しごと・おぼ・くろう）

辛苦
고생 < 하다 >

为了掌握工作要求，我费了一番辛苦。
일을 익히느라 고생했다.

696 □ ナ形

くたくたな

毎日仕事が忙しくて、もうくたくただ。（まいにち・しごと・いそが）

筋疲力尽
기진맥진한

每天工作都很忙，我已经筋疲力尽了。
매일 일이 바빠서 이미 기진맥진이다.

697 □ 名

ミス〈する〉

ミスは、だれにでもあることだ。

错误，过失
미스 / 실수 < 하다 >

每个人都会犯错误。
실수는 누구에게나 있는 것이다.

698 □ 名

報告〈する〉（ほうこく）

もしミスしてしまったら、上司に報告しなさい。（じょうし・ほうこく）

报告
보고 < 하다 >

如果犯了错误，就要报告上司。
만약 실수했으면 상사에게 보고하십시오.

699 □ 名

飲み会（のみかい）

明日、同期の飲み会がある。（あした・どうき・のみかい）

喝酒聚会
회식

明天我们同时进公司的同事有一个聚会。
내일 동기들과 회식이 있다.

➕ 宴会（えんかい） 宴会 / 연회

“飲み会”含有私下聚会的意思。
" 飲み会 " 쪽이 개인적인 인상이 강하다.

700 □ 名

歓迎会（かんげいかい）

4月と10月に歓迎会がある。（がつ・がつ・かんげいかい）

迎新会
환영회

4 月和 10 月会举办迎新会。
4 월과 10 월에 환영회가 있다.

↔ 送別会（そうべつかい）　➕ 歓迎〈する〉（かんげい） 欢迎 / 환영 < 하다 >

701 □ 名

飲み放題（のみほうだい）

飲み放題だと、飲みすぎてしまう。（のみほうだい・の）

无限畅饮
음주 뷔페 / 술 무한 리필

如果是无限畅饮，我就会喝多。
음주 뷔페 / 술 무한 리필이니까 지나치게 마셔버린다.

➕ 食べ放題（たべほうだい） 自助餐 / 뷔페 / 무한 리필

702 □ 動

つぐ

乾杯の前に、先輩にビールをついだ。（かんぱい・まえ・せんぱい）

倒
(술을) 따르다

干杯之前，我给前辈倒上啤酒。
건배 전에 선배에게 맥주를 따랐다.

Section 4

どんな仕事？

什么样的工作？ / 어떤 일 ?

703	勤務〈する〉 きんむ	勤務時間は9時から5時だ。
名	工作 근무 <하다>	工作时间是朝九晚五。 근무 시간은 9 시부터 5 시까지다 .
704	事務 じむ	会社に入ったときは、事務をやっていた。
名	事务，办公 사무	进公司时，我做的是事务性工作。 회사에 입사했을 때 사무를 하고 있었다 .
705	担当〈する〉 たんとう	今年から、大きな仕事を担当している。
名	负责 담당 <하다>	从今年开始，我负责一个大项目。 올해부터 큰 일을 담당하고 있다 .

＋ 担当者 負责人 / 담당자

706	営業〈する〉 えいぎょう	営業の仕事は、いろいろな人に会えて楽しい。
名	销售 영업 <하다>	销售是一份开心的工作，能够遇见各种各样的人。 영업 일은 여러 사람을 만날 수 있어 즐겁다 .
707	経営〈する〉 けいえい	将来、自分の会社を経営したい。
名	经营 경영 <하다>	将来，我想经营自己的公司。 장래에 자신의 회사를 경영하고 싶다 .
708	広告〈する〉 こうこく	学生時代から広告の仕事に興味があった。
名	广告 광고 <하다>	我从上学时起，就对广告的工作感兴趣。 학창 시절부터 광고에 관련된 일에 관심이 있었다 .

＋ 宣伝〈する〉 宣传 / 선전 <하다>・広告会社 广告公司 / 광고 회사

709	出版〈する〉 しゅっぱん	あの会社は、日本語の本を出版している。
名	出版 출판 <하다>	那家公司出版日语书。 그 회사는 일본어 책을 출판하고 있다 .

＋ 出版社 出版社 / 출판사

710 □ 名

制作〈する〉（せいさく）

私(わたし)は、テレビドラマを制作(せいさく)したいと思(おも)っている。

制作
제작 < 하다 >

我想制作电视剧。
나는 드라마를 제작하고 싶다고 생각하고 있다 .

711 □ 名

通訳〈する〉（つうやく）

会社(かいしゃ)でベトナム語(ご)の通訳(つうやく)の仕事(しごと)をしている。

口译
통역 < 하다 >

我在公司从事越南语翻译工作。
회사에서 베트남어 통역 일을 하고 있다 .

➕ 翻訳(ほんやく)〈する〉 翻译 / 번역 < 하다 >

712 □ 名

精算〈する〉（せいさん）

交通費(こうつうひ)は1週間以内(いっしゅうかんいない)に精算(せいさん)してください。

结算
정산 < 하다 >

交通费请在 1 周内结算。
교통비는 1 주일 이내에 정산하십시오 .

713 □ 動

(予定を)立てる（よていをたてる）

海外出張(かいがいしゅっちょう)の予定(よてい)を立(た)てる。

制订（计划）
(예정을) 세우다

制订去国外出差的计划。
해외 출장 예정 / 계획을 세운다 .

714 □ 名

長期（ちょうき）

今度(こんど)の出張(しゅっちょう)は長期(ちょうき)の予定(よてい)だ。

长期
장기

预计这次是长期出差。
이번 출장은 장기 예정이다 .

↔ 短期(たんき)　➕ 長期出張(ちょうきしゅっちょう) 长期出差 / 장기 출장

715 □ 名

日程（にってい）

仕事(しごと)が忙(いそが)しくて、旅行(りょこう)の日程(にってい)が決(き)められない。

日程
일정

我工作很忙，定不了旅行的日程。
일이 바빠서 여행 일정을 결정할 수 없다 .

716 □ 動

ずらす

①いすをずらして、掃除(そうじ)する。
②会議(かいぎ)のスケジュールを3日(みっか)ずらそう。

移开；错开
비켜 놓다 / 밀다 / 늦추다 / 미루다

①移开椅子打扫卫生。
②把会议日程错开 3 天吧。
① 의자를 비켜 놓고 청소한다 .
② 회의 일정을 3 일 늦추자 .

➕ (〜が) ずれる 偏离；错位 / (~ 이 / 가) 벗어나다 / 늦어지다 / 빗나가다

👉 ①平移 ②重新计划
① 수평으로 이동한다 ② 일정을 재고하다

717 延期〈する〉（えんき）　名
出張が来週に延期された。
延期
연기 <하다>
出差延期到下周了。
출장이 다음 주로 연기됐다.

718 携帯〈する〉（けいたい）　名
出張には、必ずパソコンを携帯している。
携带
휴대 <하다>
出差时，我一定会携带电脑。
출장에는 반드시 PC 를 휴대하고 있다.

➕ 携帯電話（けいたいでんわ） 手机 / 휴대 전화

719 協力〈する〉（きょうりょく）　名
みんなで協力して、いい結果を出そう。
协作，共同努力
협력 <하다>
让我们共同努力，拿出一个好结果来。
모두 협력하여 좋은 결과를 내자.

720 省略〈する〉（しょうりゃく）　名
あいさつは省略して、さっそく会議を始めよう。
省略
생략 <하다>
寒暄的话就省了，我们马上开始开会吧。
인사는 생략하고 바로 회의를 시작하자.

➕ 省く（はぶく） 省，节省 / 생략하다

721 積む（つむ）　動
①部長の机の上に、書類が積んである。
②経験を積んで、自分の会社を作りたい。
堆积；积累
쌓다
①部长的桌上，文件堆积成山。
②我想积累经验，然后开一家自己的公司。
① 부장님의 책상에 서류가 쌓여 있다.
② 경험을 쌓아 자신의 회사를 만들고 싶다.

👉 ①在某物上堆放其他东西 ②重复
① 뭔가 다른 것 위에 쌓다 ② 반복되어 일어나다

722 成長〈する〉（せいちょう）　名
大学生のころと比べると、成長したと思う。
成长
성장 <하다>
相比上大学的时候，我觉得我成长了。
대학생 시절과 비교하면 성장했다고 생각한다.

723 かせぐ　動
お金をかせいで、将来のために貯金したい。
赚
(돈・시간 등을) 벌다
赚了钱之后，我想把钱存起来，留着将来用。
돈을 벌어서 미래를 위해 저축하고 싶다.

Section 5

パソコンで

电脑 / 컴퓨터로

724 □ 名

画面（がめん）
屏幕
화면

パソコンの画面（がめん）を見（み）ていると、目（め）が疲（つか）れる。
一直盯着电脑屏幕，眼睛会疲劳的。
컴퓨터 화면을 보고 있으면 눈이 피곤하다.

725 □ 名

件名（けんめい）
邮件名
제목

メールの件名（けんめい）は、長（なが）すぎないほうがいい。
邮件名最好不要太长。
이메일 제목은 너무 길지 않은 것이 좋다.

726 □ 名

受信（じゅしん）〈する〉
收信
수신 < 하다 >/ 받다

このメールは昨日（きのう）受信（じゅしん）した。
这封邮件是昨天收到的。
이 메일은 어제 받았다.

➕ 受信者（じゅしんしゃ） 收件人 / 수신자 / 받는 사람

727 □ 名

送信（そうしん）〈する〉
发送
송신 < 하다 >/ 보내다

さっき送信（そうしん）したメールは届（とど）いただろうか。
刚才发送的邮件，不知道对方收到了吗。
아까 보낸 메일은 도착되었을까.

➕ 送信者（そうしんしゃ） 发件人 / 송신자 / 보낸 사람

728 □ 名

返信（へんしん）〈する〉
回信
회신 < 하다 >

仕事（しごと）のメールは、できるだけ早（はや）く返信（へんしん）しよう。
工作上的邮件要尽早回复。
일에 관한 메일은 최대한 빨리 회신하자.

729 □ 名

やり取（と）り〈する〉
交换往来
교환 < 하다 >/ 주고받다

毎日（まいにち）のように、メールをやり取（と）りしている。
我每天都在收发邮件。
매일같이 메일을 주고받고 있다.

730 □ 名

入力（にゅうりょく）〈する〉
输入
입력 < 하다 >

大切（たいせつ）なメールは、入力（にゅうりょく）したら何回（なんかい）も確認（かくにん）する。
重要的邮件写完之后要检查几遍。
중요한 메일은 입력한 후 여러 번 확인한다

731 変換〈する〉 へんかん 【名】

彼のメールは漢字の変換ミスがとても多い。

转换 / 변환 < 하다 >

他的邮件里有很多汉字转换错误。
그의 편지는 한자 변환 미스 (실수) 가 매우 많다 .

732 改行〈する〉 かいぎょう 【名】

メールの文は、読みやすいように改行してください。

另起一行，换行 / 줄 바꿈 / 개행 < 하다 >

写邮件时，句子要换行，以便阅读。
메일 문장은 읽기 쉽도록 줄 바꿈 해 주십시오/개행해 주십시오.

733 見直す みなおす 【動】

内容を2回見直して、送信した。

重看，重新修改 / 검토하다 / 재점검하다 / 다시 보다

我重新修改了两遍内容，把邮件发了出去。
내용을 두 번 검토하고 보냈다 .

734 変更〈する〉 へんこう 【名】

アドレスを変更するのに、時間がかかった。

变更 / 변경 < 하다 >

变更邮箱地址花了不少时间。
주소를 변경하는 데 시간이 걸렸다 .

735 画像 がぞう 【名】

このパソコンは画像がとてもきれいだ。

图像，画面 / 화상

这台电脑的画面非常清晰。
이 컴퓨터는 화상이 아주 깨끗하다 .

➕ 映像（えいぞう） 影像，视频 / 영상

一般来说，“画像”指静态画面，而“映像”指动态画面。
일반적으로 " 画像 " 는 정지 화면 " 映像 " 은 동영상을 가리킨다 .

736 挿入〈する〉 そうにゅう 【名】

画像を挿入して、おもしろいメールを送った。

插入 / 삽입 < 하다 >

我插入图片，把这封有趣的邮件发送出去了。
화상을 삽입하여 재미있는 메일을 보냈다 .

737 添付〈する〉 てんぷ 【名】

ファイルを添付して、送信した。

附件 / 첨부 < 하다 >

我添加了附件，把邮件发送出去了。
파일을 첨부하여 송신했다 .

➕ 添付ファイル（てんぷファイル） 附件 / 첨부 파일

738 削除〈する〉 さくじょ 【名】

昨日のメールは、削除してください。

删除 / 삭제 < 하다 >

请删除昨天的邮件。
어제의 메일은 삭제해 주세요 .

739 □ 名

保存〈する〉
ほぞん

好きな写真を何枚か保存した。
す　しゃしん　なんまい　ほぞん

保存
보존 / 저장 < 하다 >

我保存了几张喜欢的照片。
좋아하는 사진을 몇 장 보존 / 저장했다 .

---

740 □ 名

新規作成〈する〉
しんきさくせい

ファイルを新規作成したが、保存し忘れた。
しんきさくせい　ほぞん　わす

新建
신규 작성 < 하다 >

我新建了一个文件，但是忘记保存了。
파일을 신규 작성했지만 , 저장 / 보존을 잊었다 .

---

741 □ 名

完了〈する〉
かんりょう

データの送信が完了して、安心した。
そうしん　かんりょう　あんしん

完成
완료 < 되다 / 하다 >

数据发送完成，我放心了。
데이터 송신 / 전송이 완료되어 안심했다 .

---

742 □ 名

ブログ

友だちのブログは、毎日更新されている。
とも　まいにちこうしん

博客
블로그

朋友每天都更新博客。
친구의 블로그는 매일 갱신되고 있다 .

---

743 □ 名

マウス

パソコンは古いが、マウスは新しい。
ふる　あたら

鼠标
마우스

虽然电脑是旧的，但鼠标是新的。
컴퓨터는 오래되었지만 마우스는 새것이다 .

---

744 □ 名

クリック〈する〉

ここをクリックすると、画面が変わる。
がめん　か

点击
클릭 < 하다 >

点击一下这里，屏幕就会改变。
여기를 클릭하면 화면이 바뀐다 .

---

745 □ 名

プロバイダー

引っ越ししたので、プロバイダーに連絡した。
ひ　こ　れんらく

供应商
프로바이더 (인터넷의 접속 서비스 제공 회사)

我搬家了，因此联系了供应商。
이사했기 때문에 프로바이더에게 연락했다 .

---

746 □ 名

ダウンロード〈する〉

便利なソフトウェアを、無料でダウンロードした。
べんり　むりょう

下载
다운로드 < 하다 >

我免费下载了便捷的软件。
편리한 소프트웨어를 무료로 다운로드했다 .

⇔ アップロード〈する〉　＋ インストール〈する〉 安装 / 인스톨 / 설치 < 하다 >

747 □ 名	ノートパソコン	私はこの<u>ノートパソコン</u>を、8年も使っている。
	笔记本电脑 **노트북 컴퓨터**	这台笔记本电脑，我已经用了 8 年了。 나는 이 노트북 컴퓨터를 8년이나 사용하고 있다.

➕ デスクトップ（パソコン） 台式电脑 / 데스크톱 (컴퓨터)

これも覚え（おぼ）よう！ ❷

職業（しょくぎょう） 职业 / 직업

エンジニア	工程师 / 엔지니어
デザイナー	设计师 / 디자이너
作家（さっか）	作家 / 작가
画家（がか）	画家 / 화가
政治家（せいじか）	政治家 / 정치가
弁護士（べんごし）	律师 / 변호사
医者（いしゃ）	医生 / 의사
学者（がくしゃ）	学者 / 학자
警察官（けいさつかん）	警察 / 경찰관
消防士（しょうぼうし）	消防员 / 소방사
美容師（びようし）	美发师 / 미용사
ジャーナリスト	记者 / 저널리스트
保育士（ほいくし）	保育员 / 보육사
公務員（こうむいん）	公务员 / 공무원
歌手（かしゅ）	歌手 / 가수
俳優（はいゆう）	演员 / 배우
タレント	艺人 / 탤런트
プロスポーツ選手（せんしゅ）	职业运动员 / 프로 스포츠 선수

N3

Chapter 7

楽しいこと

たの

开心的事
즐거운 것

単語 No.
たんご

1	旅行（りょこう） 旅游 / 여행	748 ～ 776
2	スポーツ 体育运动 / 스포츠	777 ～ 804
3	ファッション 时尚 / 패션	805 ～ 827
4	おしゃれ 打扮 / 멋 부림 / 치장 / 꾸미기	828 ～ 851
5	趣味（しゅみ） 兴趣 / 취미	852 ～ 871

Section 1

旅行
りょこう

旅游 / 여행

748 日にち（ひにち）　名

ツアーの申し込みの締め切りまで日にちがない。

日子，天数 / 날짜

离旅游团的报名截止期限没几天了。
투어 신청 마감일까지 날짜의 여유가 없다.

749 日帰り（ひがえり）　名

大阪に日帰りで出張する。

当天来回 / 당일치기

我去大阪出差，当天来回。
오사카에 당일치기로 출장을 간다.

＋ 日帰り旅行（ひがえりりょこう） 一日游 / 당일치기 여행

750 泊まり（とまり）　名

土曜日に、泊まりで温泉に行った。

过夜，住宿 / 숙박

周六我去了一趟温泉，住了一晚。
토요일에 온천에 숙박하러 갔다.

＋ 泊まる（とまる） 住宿 / 묵다 / 숙박하다

751 宿泊〈する〉（しゅくはく）　名

交通費と宿泊代で、5万円くらいかかる。

住宿 / 숙박 < 하다 >

交通费和住宿费大约要 5 万日元。
교통비와 숙박비로 5 만 엔 정도 든다.

752 滞在〈する〉（たいざい）　名

アメリカに滞在中、友だちと会う予定だ。

逗留，旅居 / 체류 < 하다 >

在美国逗留期间，我打算见一见朋友。
미국에 체류하는 동안 친구들과 만날 예정이다.

753 団体（だんたい）　名

団体で旅行するときは、時間を守ってください。

团体 / 단체

参加团体旅游时，请遵守时间。
단체로 여행할 때는, 시간을 지켜주십시오.

⇔ 個人（こじん）　＋ 団体旅行（だんたいりょこう） 团体旅游 / 단체 여행

754 □ 名
ツアー
旅行
투어
母と日帰りのバスツアーに参加した。(はは ひがえ さんか)
我和妈妈参加了巴士一日游。
어머니와 당일 여행 버스 투어에 참가했다.
➕ 日帰りツアー(ひがえ) 一日游 / 당일 투어 / 여행・温泉ツアー(おんせん) 温泉游 / 온천 투어

755 □ 名
あちこち
这儿那儿，到处
여기저기
留学中、日本のあちこちを旅行した。(りゅうがくちゅう にほん りょこう)
留学期间，我到日本各地旅行。
유학 중 일본 곳곳을 여행했다.
🟰 あちらこちら

756 □ 名
観光〈する〉(かんこう)
观光，旅游
관광 <하다>
出張ではなく、観光でヨーロッパに行きたい。(しゅっちょう かんこう い)
我想去欧洲旅游，而不是去出差。
출장이 아니라, 관광으로 유럽에 가고 싶다.
➕ 観光客(かんこうきゃく) 游客 / 관광객・観光地(かんこうち) 旅游胜地 / 관광지・観光スポット(かんこう) 景点 / 관광 명소

757 □ 名
費用(ひよう)
费用
비용
家族みんなで旅行すると、費用がかかる。(かぞく りょこう ひよう)
要是全家人都去旅游，费用就会比较高。
가족이 함께 여행하면 비용이 든다.

758 □ 名
予算(よさん)
预算
예산
一人10万円の予算で、海外旅行を考えている。(ひとり まんえん よさん かいがいりょこう かんが)
我在考虑出国旅游，预算是每人10万日元。
한 사람에 10만 엔의 예산으로 해외여행을 생각하고 있다.

759 □ 名
集合〈する〉(しゅうごう)
集合
집합 <하다>
空港のロビーに、10時に集合してください。(くうこう じ しゅうごう)
10点请在机场大厅集合。
공항 로비에 10시에 집합해 주세요.

760 □ 名
解散〈する〉(かいさん)
解散
해산 <하다>
帰りは空港で解散する。(かえ くうこう かいさん)
回来时我们在机场解散。
돌아올 때는 공항에서 해산한다.

761 □ 名
旅館(りょかん)
旅馆
여관
あの旅館に、ぜひ泊まってみたい。(りょかん と)
我一定要住一住那家旅馆。
그 여관에 꼭 숙박해 보고 싶다.

No.	単語	例文
762 □ 名	五つ星ホテル（いつぼし） **五星级宾馆** **오성급 호텔**	初めて五つ星ホテルに泊まる。（はじ / いつぼし / と） 我第一次住五星级宾馆。 처음으로 오성급 호텔에 숙박한다.

➕ 三つ星レストラン（みぼし） 三星级餐厅 / 미쉐린 가이드 3(쓰리) 스타 레스토랑

No.	単語	例文
763 □ 名	満室（まんしつ） **没有空房，客满** **만실**	あのホテルは満室で、予約できなかった。（まんしつ / よやく） 那家宾馆客满，预约不了了。 그 호텔은 만실로 예약할 수 없었다.
764 □ 名	チェックイン〈する〉 **办理入住** **체크인 <하다>**	この旅館は、3時以降にチェックインできる。（りょかん / じ いこう） 这家旅馆 3 点以后可以办理入住。 이 여관은 3 시 이후에 체크인할 수 있다.

↔ チェックアウト〈する〉

No.	単語	例文
765 □ 動	近づく（ちか） **靠近，快要** **가까워지다**	帰る日が近づくと、さびしくなる。（かえ / ひ / ちか） 回家的日子快要到了，我有些落寞。 돌아가는 날이 가까워지면 서운해진다.
766 □ 動	取り消す（と / け） **取消** **취소하다**	体の具合がよくないので、予約を取り消した。（からだ / ぐあい / よやく / と / け） 我身体不舒服，因此取消了预约。 몸 상태가 좋지 않기 때문에 예약을 취소했다.

〓 キャンセルする ➕ 取り消し（と / け） 取消 / 취소

No.	単語	例文
767 □ 名	追加〈する〉（ついか） **追加，再增加** **추가 <하다>**	東京行きの切符を、1枚追加できますか。（とうきょうい/ゆ / きっぷ / まい / ついか） 可以再买一张去东京的票吗? 도쿄행 티켓을 한 장 추가할 수 있습니까?
768 □ 名	持ち物（も / もの） **随身物品** **소지품**	忘れ物がないか、持ち物をチェックする。（わす / もの / も / もの） 检查一下随身物品，以免落下什么东西。 분실물이 없나 소지품을 체크한다.
769 □ 動	足りる（た） **足够** **충분하다**	行きたい場所が多くて、4日では足りない。（い / ばしょ / おお / よっか / た） 我有好多地方想去，4 天时间不够。 가고 싶은 곳이 많아서 4 일로는 부족하다.

770 □ 名

スーツケース

お土産(みやげ)をたくさん買(か)って、スーツケースが重(おも)い。

旅行箱
슈트케이스 / 가방

我买了很多纪念品，旅行箱好重。
기념품을 많이 구입해서 슈트케이스 / 가방이 무겁다.

771 □ 名

使用(しよう)〈する〉

このカードは、日本(にほん)では使用(しよう)できない。

使用
사용 < 하다 >

这张卡在日本用不了。
이 카드는 일본에서는 사용할 수 없다.

772 □ 名

船旅(ふなたび)

私(わたし)は一度(いちど)も船旅(ふなたび)をしたことがない。

坐船旅行
유람선 여행 /
배를 타고 하는 여행

我从来没有坐船旅行过。
나는 한 번도 배를 타고 여행을 한 적이 없다.

➕ 船便(ふなびん) 海运 / 선편 / 배편 / 선박 교통

773 □ 名

時差(じさ)

日本(にほん)に戻(もど)ってから、時差(じさ)でずっと眠(ねむ)い。

时差
시차

因为时差，回到日本之后我一直很困。
일본에 돌아온 후, 시차로 계속 졸린다.

➕ 時差(じさ)ぼけ 时差综合征 / 시차증 (시차로 인한 피로)

774 □ 名

両替(りょうがえ)〈する〉

両替(りょうがえ)は、空港(くうこう)でもホテルでもできる。

兑换
환전 < 하다 >

机场和宾馆都可以兑换钱币。
환전은 공항에서도 호텔에서도 할 수 있다.

775 □ 名

ドル

日本円(にほんえん)をドルに両替(りょうがえ)して、海外(かいがい)へ持(も)って行(い)く。

美元
달러

把日元兑换成美元，带去国外。
엔화를 달러로 환전해 해외에 가지고 간다.

➕ ユーロ 欧元 / 유로 (유럽 연합 (EU) 의 공식 통화) ・ポンド 英镑 / 파운드 ・ 元(げん) 元 (人民币) / 위안 (중국 화폐 단위)

776 □ 名

来日(らいにち)〈する〉

来月(らいげつ)、友(とも)だちが初(はじ)めて来日(らいにち)する。

来日本
일본으로 오다 /
일본을 방문하다

下个月有朋友第一次来日本。
다음 달 친구가 처음 일본에 온다.

🟰 訪日(ほうにち)〈する〉

Section 2

スポーツ

体育运动 / 스포츠

No.	見出し語	例文
777 □ 名	競争(きょうそう)〈する〉	子(こ)どものころから競争(きょうそう)が好(す)きだった。
	竞争 경쟁 <하다>	我从小就喜欢竞争。 어렸을 때부터 경쟁을 좋아했다.
778 □ 名	活躍(かつやく)〈する〉	有名(ゆうめい)なサッカーチームに入(はい)って活躍(かつやく)したい。
	活跃 활약 <하다>	我想进入知名足球队大显身手。 유명한 축구팀에 들어가 활약하고 싶다.
779 □ 名	ウェア	スポーツを始(はじ)めるなら、まずウェアが必要(ひつよう)だ。
	服装 웨어 (옷)	如果要开始运动，首先需要准备好服装。 스포츠를 시작한다면, 우선 스포츠 웨어가 필요하다.

＋ スポーツウェア 运动服 / 스포츠 웨어・メンズウェア 男装 / 남성복・レディースウェア 女装 / 여성복

No.	見出し語	例文
780 □ 動	ける	試合(しあい)に出(で)たが、ボールをけるチャンスがなかった。
	踢 (공 등을) 차다	我在比赛中出场了，却没有机会碰到球。 경기에 나갔지만 공을 찰 기회가 없었다.
781 □ 名	ホームラン	これで、今日(きょう)３本目(ぼんめ)のホームランだ。
	本垒打 홈런	这是今天第 3 个本垒打。 이것으로 오늘 3 번째 홈런이다.
782 □ 動	打(う)つ	兄(あに)が初(はじ)めてのヒットを打(う)った。
	打 치다	哥哥打出了他的第一个安打。 형 / 오빠가 첫 안타를 쳤다.
783 □ 名	前半(ぜんはん)	サッカーの試合(しあい)の前半(ぜんはん)は、０点(れいてん)で終(お)わった。
	上半场 전반전	足球比赛上半场以 0 ： 0 的比分结束了。 축구 경기의 전반전은 0 점으로 끝났다.

⇔ 後半(こうはん)

784 □	ポイント	両チーム、どちらも強くて、なかなかポイントが入らない。
名	得分 포인트 (경기의 득점)	两队都很强，不容易得分。 양 팀 모두 강해서 좀처럼 포인트가 들어가지 않는다 .

还可以用 "点" / " 点 " 이라고도 함

785 □	引き分け(ひきわけ)	昨日(きのう)のサッカーの試合(しあい)は、引き分け(ひきわけ)だった。
名	平局 무승부	昨天的足球比赛是平局。 어제 축구 경기는 무승부였다 .
786 □	運動会(うんどうかい)	10月(がつ)に、学校(がっこう)で運動会(うんどうかい)がある。
名	运动会 운동회	10 月份学校将举办运动会。 10 월에 학교에서 운동회가 있다 .
787 □	大声(おおごえ)	大声(おおごえ)で、兄(あに)のチームを応援(おうえん)した。
名	大声 큰 소리	我大声地为哥哥的队伍加油。 큰 소리로 형 / 오빠의 팀을 응원했다 .
788 □	思い切り(おもいきり)	今日(きょう)は思い切り(おもいきり)やって、優勝(ゆうしょう)しよう。
副	尽情地 마음껏 하기 / 실컷 하기	今天，我们尽情地踢一场，赢了它！ 오늘은 주저하지 말고 과감히 해서 , 우승하자 .

➕ 思い切る(おもいきる) 下定决心 / 마음껏 하다

789 □	ペース	あの選手(せんしゅ)は30(さんじゅっ)キロ走(はし)っても、ペースが落(お)ちない。
名	节奏 페이스 (속도)	那名运动员跑了 30 公里，依然保持着节奏。 그 선수는 30 킬로 달려도 페이스 (속도) 가 떨어지지 않는다 .

➕ マイペース 我行我素 / 마이 페이스 (자기 나름의 방식) ·
ハイペース 快节奏 / 하이 페이스 (진행 속도가 빠름)

790 □	ゴール〈する〉	マラソンで、5時間(じかん)かかってゴールした。
名	终点 골 < 하다 >	在马拉松比赛中，我花了 5 个小时到达了终点。 마라톤에서 2 시간 걸려 골인했다 .

748 - 871

791 □ 名

拍手〈する〉（はくしゅ）

最後の選手がゴールしたとき、みんなが大きな拍手を送った。

鼓掌
박수 <치다 / 보내다 / 하다>

当最后一名运动员冲过终点时，大家热烈地鼓掌。
마지막 선수가 골인했을 때, 모두가 큰 박수를 보냈다.

792 □ 名

ライバル

ライバルには、ぜったいに負けたくない。

竞争对手
라이벌

我一定不能输给对手。
라이벌한테는 절대로 지고 싶지 않다.

＝ 競争相手（きょうそうあいて）

793 □ 名

握手〈する〉（あくしゅ）

試合のあとで、相手の選手と握手した。

握手
악수 <하다>

赛后，我们和对方运动员握了手。
경기 후 상대 선수와 악수했다.

794 □ イ形

惜しい（おしい）

1秒の違いで負けるなんて、本当に惜しい。

可惜
아깝다 / 애석하다 / 분하다

以一秒之差告负，真的好可惜。
1 초 차이로 지는 건, 정말 분하다.

795 □ イ形

すばやい

弟はすばやくて、サッカーが得意だ。

快速，敏捷
재빠르다

弟弟身手敏捷，擅长踢足球。
동생은 재빠르고 축구를 잘한다.

796 □ 名

体操〈する〉（たいそう）

小学生のときは、体操クラブに入っていた。

体操
체조 <하다>

上小学时，我加入了体操俱乐部。
초등학생 때 체조 클럽에 가입해 있었다.

＋ 新体操（しんたいそう） 艺术体操 / 신체조

797 □ 名

トレーニング〈する〉

毎日授業のあと、3時間トレーニングしている。

训练
트레이닝 / 훈련 / 연습 <하다>

每天放学后，训练 3 个小时。
매일 수업 후, 3 시간 트레이닝하고 있다.

798 □ 名

日課（にっか）

私の日課は、朝のジョギングだ。

每天的习惯性活动
일과

我每天都要晨跑。
내 일과는 아침 조깅이다.

799 □ 名	キャプテン	高校3年のとき、キャプテンだった。 こうこう　ねん
	队长 팀 주장	上高中三年级时，我是队长。 고등학교 3 학년 때 팀 주장이었다.
800 □ 名	プロ	弟は、プロのスポーツ選手になるのが夢だ。 おとうと　せんしゅ　ゆめ
	专业 프로	弟弟的梦想是成为专业的体育运动员。 동생은 프로 선수가 되는 것이 꿈이다.

= プロフェッショナル　↔ アマ（チュア）

801 □ 名	プレー〈する〉	大好きな選手が、アメリカでプレーしている。 だいす　せんしゅ
	比赛 플레이 / 활약 < 하다 >	我最喜欢的运动员目前在美国比赛。 좋아하는 선수가 미국에서 활약하고 있다.

＋ ファインプレー 妙技，绝技 / 파인플레이 (경기에서 선수가 보여 주는 멋지고 훌륭한 기술)

802 □ 名	ファン	私は彼の大ファンで、ずっと応援している。 わたし　かれ　だい　おうえん
	粉丝 팬	我是他的忠实粉丝，一直都在支持他。 나는 그의 열렬한 팬으로 계속 응원하고 있다.
803 □ 名	引退〈する〉 いんたい	好きなラグビー選手が引退してしまった。 す　せんしゅ　いんたい
	退役 은퇴 < 하다 >	我喜欢的橄榄球运动员退役了。 좋아하는 럭비 선수가 은퇴해 버렸다.
804 □ 名	水着 みずぎ	新しい水着を旅行に持って行った。 あたら　みずぎ　りょこう　も　い
	泳衣 수영복	我带上新的泳衣去旅行了。 새로운 수영복을 여행에 가져갔다.

Section 3

ファッション

时尚 / 패션

805 □	おしゃれ〈な / する〉	学生時代（がくせいじだい）からおしゃれが大好（だいす）きだった。(名) 渋谷（しぶや）はおしゃれな街（まち）だ。(ナ形)
名 ナ形	好打扮，讲究穿戴 멋부림 / 치장 / 꾸미기 <하다>	从学生时代开始，我就非常喜欢打扮。 涩谷是一个时尚街区。 학창 시절부터 멋을 부리는 것을 아주 좋아했다. 시부야는 세련된 도시이다.
806 □	好（この）む	姉（あね）はイタリアのバッグを好（この）んで買（か）っている。
動	喜欢 좋아하다	姐姐喜欢买意大利的包。 누나는 이탈리아의 가방을 선호해 자주 사고 있다.
807 □	好（この）み	このコートは、色（いろ）もデザインも私（わたし）の好（この）みだ。
名	爱好，喜爱 기호 / 취향	这件外套的颜色和设计都是我喜欢的。 이 코트는 색상도 디자인도 내 취향이다.

➕ タイプ 款式 / 타입 / 유형

808 □	流行（りゅうこう）〈する〉	雑誌（ざっし）を読（よ）むと、今年（ことし）の流行（りゅうこう）がよくわかる。
名	流行 유행 <하다>	看了杂志，就能清楚地了解今年的流行趋势。 잡지를 읽으면 올해의 유행을 잘 알 수 있다.

➕ 流行語（りゅうこうご） 流行语 / 유행어・流行色（りゅうこうしょく） 流行色 / 유행색

809 □	はやり	今年（ことし）はグリーンが、はやりのようだ。
名	流行，时尚 유행	今年似乎流行绿色。 올해는 그린 (녹색) 이 유행하는 것 같다.

➕ はやる 流行 / 유행하다

👉 "流行〈する〉" 和 "はやる" 还能表示疾病的流行。
"流行〈する〉" 와 "はやる" 는 패션뿐만 아니라 질병에도 사용한다.

810 □	カタログ	買い物に行けないので、カタログで洋服を買う。
名	商品目录 카탈로그 / 상품 목록	我不能上街购物，因此通过商品目录买衣服。 쇼핑에 갈 수 없기 때문에 카탈로그로 옷을 산다.
811 □	サンプル	デパートで、化粧品のサンプルをもらった。
名	样品 샘플	我在百货商店要了一个化妆品的小样。 백화점에서 화장품 샘플을 받았다.

＝ 見本

812 □	探す	ずっと、こんなバッグを探していた。
動	找，寻找 찾다	我一直在找这样的包。 지금까지 이런 가방을 찾고 있었다.
813 □	似合う	彼にグリーンが似合うと言われた。
動	适合 어울리다	我男朋友说绿色适合我。 그가 그린 (녹색) 이 어울린다고 말했다.
814 □	ぴったり〈する〉	①このスカートは、私にぴったりのサイズだ。 ②このバッグは、私のコートにぴったりだ。
副	正合适 딱 맞다	①这条裙子的尺寸，我穿正合适。 ②这包搭配我的外套正合适。 ① 이 스커트는 나에게 딱 맞는 사이즈이다. ② 이 가방은 내 코트에 딱 맞다.

①没有空隙或多余部分 ②相配
① 틈이 없다 ② 맞다 / 어울리다

815 □	高級〈な〉	友だちは、いくつも高級なバッグを持っている。（ナ形）
名 ナ形	高级，高档 고급스러운	朋友有好几个高档包。 친구는 몇 개나 고급스러운 가방을 가지고 있다.

＋ 一流 一流 / 일류

816 □	ブランド	ボーナスで、ブランドのバッグを買った。
名	品牌，名牌 브랜드 / 상품 / 명품	我用奖金买了一个名牌包。 보너스로 명품 가방을 샀다.

＋ 高級ブランド 高档品牌 / 고급 상품・有名ブランド 知名品牌 / 유명 상품

817 □ 名	本物（ほんもの）	あの店（みせ）で売（う）っている時計（とけい）は、本物（ほんもの）だ。
	真货 진짜 (물건)/ 진품	那家店卖的钟表是真货。 그 가게에서 팔고 있는 시계는 진짜이다.
818 □ 名	にせ物（もの）	本物（ほんもの）にそっくりのにせ物（もの）に注意（ちゅうい）してください。
	假货 가짜 (물건)/ 위조품	请注意那些极像真货的假货。 진짜와 거의 같은 가짜 상품에 주의하십시오.

＋ にせ札（さつ） 假币 / 위조지폐

819 □ 名	保証（ほしょう）〈する〉	この商品（しょうひん）は、100（ひゃく）パーセント本物（ほんもの）だと保証（ほしょう）します。
	保证 보증 <하다>	我们保证这个商品百分之百是真货。 이 제품은 100% 진짜임을 보장합니다.

＋ 保証書（ほしょうしょ） 保证书 / 보증서

820 □ 名	バーゲンセール	このくつは、バーゲンセールで半額（はんがく）だった。
	大甩卖 바겐 세일	当时这双鞋大甩卖，才半价。 이 신발은 바겐 세일로 반값이었다.

＝ バーゲン

821 □ 動	取（と）り替（か）える	このシャツは汚（よご）れているので、取（と）り替（か）えてください。
	换，更换 바꾸다 / 교환하다	这件衬衫脏了，请换一件。 이 셔츠는 깨끗하지 않으니까 교환해 주십시오.
822 □ 動	はめる	結婚指輪（けっこんゆびわ）は左（ひだり）の薬指（くすりゆび）にはめる。
	镶嵌；戴上 끼다 / 끼우다	结婚戒指戴在左手无名指上。 결혼반지는 왼쪽 약지에 낀다.
823 □ 動	外（はず）す	①指輪（ゆびわ）を外（はず）して、なくさないように箱（はこ）に入（い）れる。 ②田中部長（たなかぶちょう）は、席（せき）を外（はず）しています。
	取下；离开 빼다 / 풀다 / 비우다 / 자리를 뜨다	①我摘下戒指，放进盒子里，以免弄丢。 ②田中部长现在不在座位上。 ① 반지를 빼서 분실하지 않도록 상자에 넣는다. ② 다나카 부장님은 자리를 비우고 있습니다.

＋ ①(指輪（ゆびわ）が)外（はず）れる 脱落；偏离 / (반지가) 빠지다

👉 ①摘下戴着的东西 ②离开了某个指定区域
① 몸에 지니고 있던 것을 떼어 내다 ② 자리를 뜨다 / 비우다

824 □ 名

カット〈する〉

夏(なつ)になったら、髪(かみ)をカットしたい。

剪
컷<하다>/자르다

到了夏天，我想剪头发。
여름이 되면 머리를 자르고 싶다.

825 □ 名

パーマ

たまにはパーマをかけて、気分(きぶん)を変(か)えよう。

烫发
파마

偶尔烫个头发，改变一下心情。
가끔은 파마를 하고 분위기를 바꾸자.

826 □ 動

染(そ)める

髪(かみ)を明(あか)るい色(いろ)に染(そ)めた。

染
염색하다

我把头发染成了鲜亮的颜色。
머리를 밝은 색으로 염색했다.

827 □ 名

サイズ

このデザインの、ほかのサイズはありますか。

尺寸
사이즈 / 크기

这款有别的尺寸吗?
이 디자인의 다른 사이즈는 있습니까?

Section 4

おしゃれ

打扮 / 멋 부림 / 치장 / 꾸미기

828

夏物 （なつもの）

名

暖かくなってきたので、そろそろ夏物を出そう。

夏季用品，夏装
여름옷 / 여름에 쓰는 물건

天渐渐暖和了，差不多把夏天的衣物拿出来吧。
따뜻해지고 있으니까 이제 슬슬 여름옷을 꺼내자.

829

冬物 （ふゆもの）

名

暖かくなってきたので、冬物をしまおう。

冬季用品，冬装
겨울옷 / 겨울에 쓰는 물건

天渐渐暖和了，把冬天的衣物收拾起来吧。
따뜻해지고 있으니까 겨울옷을 치우자.

830

上着 （うわぎ）

名

もう春だ。うすい上着がほしい。

上衣
윗옷 / 겉옷

已经春天了。我想要一件薄上衣。
벌써 봄이다. 얇은 겉옷이 있으면 좋겠다.

831

婦人服 （ふじんふく）

名

婦人服売り場は３階だ。

女装
여성 의류

女装卖场在 3 层。
여성 의류 매장은 3 층이다.

➕ レディース（ファッション） 女装（时装）/ 여성 (패션)

832

紳士服 （しんしふく）

名

最近は、おしゃれな紳士服が増えた。

男装
남성 의류

最近，时尚的男装越来越多了。
최근에는 세련된 남성 의류가 늘었다.

➕ メンズ（ファッション） 男装（时装）/ 남성 (패션)

833

ジーンズ

名

私の会社では、ジーンズは禁止されている。

牛仔裤
청바지

我们公司禁止穿牛仔裤。
우리 회사에서는 청바지 착용은 금지되어 있다.

➕ ジーパン 牛仔裤 / 청바지

834

パンツ

名

スカートより、パンツのスーツが好きだ。

裤子
바지

西装我更喜欢下身是裤子而不是裙子的。
치마보다는 바지 정장을 좋아한다.

“パンツ”还可以指内裤 / "パンツ"는 속옷의 의미도 있다

835 □ 名

イヤリング

会社に、小さいイヤリングをして行く。
(かいしゃ / ちい / い)

耳环
귀걸이

我戴着一副小耳环去公司。
회사에 작은 귀걸이를 하고 간다.

＋ ピアス 穿孔耳环，耳钉 / 귀걸이

836 □ 名

ネックレス

パーティーに、ダイヤのネックレスをして行く。
(い)

项链
목걸이

我戴着钻石项链去参加派对。
파티에 다이아몬드 목걸이를 하고 간다.

＋ ペンダント 垂饰 / 펜던트

837 □ 名

宝石(ほうせき)

宝石は高くて買えない。
(ほうせき / たか / か)

宝石
보석

宝石很贵，我买不起。
보석은 비싸서 살 수 없다.

838 □ 名

スカーフ

ブランドのスカーフを何枚か持っている。
(なんまい / も)

围巾
스카프

我有几条名牌围巾。
유명 상품의 스카프를 몇 장 가지고 있다.

839 □ 名

手袋(てぶくろ)

今年、新しい手袋を買った。
(ことし / あたら / てぶくろ / か)

手套
장갑

今年，我买了一副新的手套。
올해 새 장갑을 샀다.

840 □ 名

マフラー

寒い日でも、マフラーがあれば暖かい。
(さむ / ひ / あたた)

围巾
머플러

就算天气寒冷，只要戴着围巾，就会很暖和。
추운 날에도 머플러가 있으면 따뜻하다.

841 □ 名

[お]化粧(けしょう)〈する〉

出かけるときは、必ず化粧をする。
(で / かなら / けしょう)

化妆
화장 < 하다 >

我出门之前一定要化妆。
외출할 때는 반드시 화장한다.

＝ メイク〈する〉 ＋ 化粧品(けしょうひん) 化妆品 / 화장품

还可以写作“メーク〈する〉” / "メーク〈する〉"라고도 쓴다

842 □ 名

口紅（くちべに）

季節（きせつ）によって口紅（くちべに）を変（か）えている。

口红
입술연지 / 루주 / 립스틱

根据季节更换口红。
계절에 따라 립스틱을 바꾸고 있다.

"リップ（スティック）"也可表示口红。
"口紅"라는 뜻으로 "リップ（スティック）"도 사용하는 경우가 있다.

843 □ 名

まつ毛（げ）

彼女（かのじょ）はまつ毛（げ）が長（なが）くて、かわいい。

睫毛
속눈썹

她的睫毛很长，很可爱。
그녀는 속눈썹이 길어서 귀엽다.

＋ まゆ毛（げ） 眉毛 / 눈썹

844 □ 名

ほほ

彼女（かのじょ）のほほは、ピンクでかわいい。

脸颊
뺨

她的脸颊是粉红色的，很可爱。
그녀의 뺨은 핑크색으로 귀엽다.

＝ ほお

845 □ 名

つめ

つめの色（いろ）を変（か）えると、気分（きぶん）が変（か）わる。

指甲
손톱

换一种指甲颜色，换一种心情。
손톱 색을 바꾸면 기분이 달라진다.

＝ ネイル　＋ マニキュア 指甲护理 / 매니큐어

846 □ 名

香水（こうすい）

この香水（こうすい）は少（すこ）し匂（にお）いが強（つよ）い。

香水
향수

这款香水的味道有点浓。
이 향수는 약간 냄새가 강하다.

847 □ 名

古着（ふるぎ）

古着（ふるぎ）が好（す）きで、よくこの店（みせ）に寄（よ）る。

旧衣服
헌 옷

我喜欢穿旧衣服，常常会顺便来这家店。
헌 옷을 좋아해서 자주 가게에 들른다.

848 □ 名

革（かわ）

このくつは、とてもいい革（かわ）でできている。

皮革
가죽

这双鞋是用上好的皮革做成的。
이 신발은 아주 좋은 가죽으로 되어 있다.

＋ 皮（かわ） 皮 / 피부

“革”用于包或鞋等动物皮做成的东西，而“皮”不仅指动物皮，还指水果、蔬菜等的皮。
"革"가방과 신발을 위해 동물의 가죽을 가공한 것이고, "皮"는 동물 이외에 야채와 과일 껍질 등의 표현에 사용한다.

849 名	ベルト	ブランドのベルトを、父(ちち)にプレゼントした。
	皮带 **벨트**	我送了爸爸一条名牌皮带。 명품 벨트를 아버지에게 선물했다.
850 名	そで	会社(かいしゃ)の冷房(れいぼう)が強(つよ)いので、長(なが)そでを着(き)ている。
	袖子 **소매**	公司的冷气太强，所以我穿着长袖。 회사의 냉방이 강하기 때문에, 긴소매 옷을 입고 있다.

＋ 半(はん)そで 短袖，半袖 / 반소매・ノースリーブ 无袖 / 민소매

851 名	ショップ	近(ちか)くに、とてもおしゃれなショップができた。
	商店 **상점**	附近开了一家富丽堂皇的商店。 근처에 매우 세련된 상점이 생겼다.

＝ 店(みせ)

＋ 100円(ひゃくえん)ショップ 百元店 / 100엔 숍・ペットショップ 宠物店 / 애완동물 가게・コーヒーショップ 咖啡店 / 커피숍

748 - 871

趣味（しゅみ）

兴趣 / 취미

No.	語	例文
852 □ 動	気に入る（きにいる） 喜欢 마음에 들다	私（わたし）は、この画家（がか）の絵（え）が気に入っている。 我喜欢这位画家的画。 나는 이 화가의 그림이 마음에 든다.
853 □ 名	お気に入り（おきにいり） 喜欢 마음에 듦	ドラマで見（み）てから、この俳優（はいゆう）がお気に入りだ。 自从在电视剧里看到他，我就喜欢上了这个演员。 드라마를 본 이후, 이 배우가 마음에 들었다.
854 □ 名	芸術（げいじゅつ） 艺术 예술	日本（にほん）の芸術に興味（きょうみ）がある。 我对日本的艺术感兴趣。 일본 예술에 관심이 있다.
855 □ 名	絵画（かいが） 绘画 회화	来年（らいねん）は、絵画教室（きょうしつ）に通（かよ）うつもりだ。 我打算明年去上绘画班。 내년은 회화 교실에 다닐 것이다.

➕ 画家（がか） 画家 / 화가

No.	語	例文
856 □ 名	才能（さいのう） 才能，才华 재능	先生（せんせい）から、絵（え）の才能があると言（い）われた。 老师说我有绘画才华。 선생님으로부터 그림 재능이 있다고 말을 들었다.

➕ 天才（てんさい） 天才 / 천재

No.	語	例文
857 □ 名	けいこ〈する〉 练习，学习 (다도 / 꽃꽂이 / 서예 / 춤 / 악기를) 공부 / 연습 <하다>	お茶（ちゃ）のけいこを始（はじ）めた。 我开始学习茶道了。 다도 연습을 시작했다.
858 □ 名	アニメ 动漫 애니메이션	日本（にほん）のアニメは、世界中（せかいじゅう）で見（み）られている。 世界各地的人们都在看日本动漫。 일본의 애니메이션은 세계적으로 주목을 받고 있다.

＝ アニメーション

859 □ 名

読書〈する〉(どくしょ)

通勤時間(つうきんじかん)に読書(どくしょ)をしている。

读书
독서 <하다>

我在上下班时间里看书。
출퇴근 시간에 독서를 하고 있다.

860 □ 名

おすすめ

何(なに)かおすすめの本(ほん)は、ありませんか。

推荐
추천

有什么推荐的书吗?
무엇인가 추천할 만한 책은 없습니까?

➕ すすめる 推荐 / 권하다 / 추천하다

861 □ 名

ストーリー

この小説(しょうせつ)のストーリーは、おもしろい。

故事；情节
스토리

这部小说的情节挺有意思。
이 소설의 이야기는 재미있다.

862 □ 名

シリーズ

『スーパーマン』のシリーズは、全部(ぜんぶ)見(み)た。

系列
시리즈

“超人”系列我全部都看了。
'슈퍼맨' 시리즈는 전부 보았다.

863 □ 名

名作(めいさく)

この映画(えいが)は名作(めいさく)だから、ぜひ見(み)てください。

名作
명작

这部电影很有名，你一定要看一看。
이 영화는 명작이니까 꼭 보세요.

864 □ 名

登場〈する〉(とうじょう)

この映画(えいが)の最後(さいご)のほうで、人気俳優(にんきはいゆう)が登場(とうじょう)する。

登场
등장 <하다>

在这部电影的最后，将有一位知名演员登场。
이 영화의 마지막 부분에서 인기 배우가 등장한다.

865 □ 名

好奇心(こうきしん)

彼(かれ)は好奇心(こうきしん)が強(つよ)くて、趣味(しゅみ)が多(おお)い。

好奇心
호기심

他好奇心强，兴趣广泛。
그는 호기심이 강하고, 취미가 많다.

866 □ 名

コンクール

来年(らいねん)の絵画(かいが)コンクールに、チャレンジするつもりだ。

比赛
콩쿠르 / 경연 대회 / 공모전

我打算挑战一下明年的绘画比赛。
내년 회화 콩쿠르에 도전할 생각이다.

➕ コンテスト 竞赛 / 콘테스트 / 경기 / 경연 / 대회

867 □ 名	出品〈する〉 しゅっぴん	コンクールに出品する絵を選ぶ。 しゅっぴん え えら
	展出 출품 <하다>	挑选绘画比赛的参展作品。 공모전에 출품할 그림을 선택한다.
868 □ 名	演奏〈する〉 えんそう	月に1回、ピアノの演奏を聞きに行く。 つき いっかい えんそう き い
	演奏 연주 <하다>	我每个月去听一次钢琴演奏。 한 달에 한 번 피아노의 연주를 들으러 간다.
869 □ 名	イヤホン	ジョギング中に、イヤホンで音楽を聞いている。 ちゅう おんがく き
	耳机，耳塞 이어폰	慢跑时，我戴着耳机听音乐。 조깅 중에 이어폰으로 음악을 듣고 있다.

➕ ヘッドホン 头戴式耳机 / 헤드폰

870 □ 名	講演会 こうえんかい	興味があるテーマの講演会を聞きに行った。 きょうみ こうえんかい き い
	演讲会 강연회	我去听了一场演讲，演讲的主题是我感兴趣的。 관심 있는 주제의 강연회를 들으러 갔다.
871 □ 名	サークル	大学時代から、音楽のサークルに入っている。 だいがくじだい おんがく はい
	小组，俱乐部 서클 / 동아리	从上大学起，我就加入了音乐俱乐部。 대학 시절부터 음악 동아리에 들어있다.

➕ クラブ 俱乐部 / 클럽・サークル仲間(なかま) 兴趣小组的朋友 / 서클 동료・テニスサークル 网球俱乐部 / 테니스 서클

N3

Chapter 8

健康のために
けんこう

为了健康
건강을 위

単語 No.
たんご

体（からだ）

身体 / 몸

872 身長（しんちょう） 名
妹（いもうと）は、私（わたし）より身長（しんちょう）が3センチ高（たか）い。

高度，身高 / 신장 / 키
妹妹比我高 3 厘米。
여동생은 나보다 키가 3 센티 크다.

表示高度要用"高い"而不是"長い"。/ 신장은 "長い"이 아니고 "高い".

873 伸（の）びる 動
弟（おとうと）は高校生（こうこうせい）で、まだ身長（しんちょう）が伸（の）びている。

伸长，长长 / 자라다 / 늘다 / 성장하다
弟弟是高中生，他的身高还在长。
남동생은 고등학생인데 아직도 키가 크고 있다.

＋（～を）伸（の）ばす 拉长，伸长 / (~ 을) 늘리다

874 測（はか）る 動
身長（しんちょう）を測（はか）ったら、1年前（ねんまえ）より2センチ伸（の）びていた。

测量 / 길이를 재다 / 측정하다
我测量了一下身高，发现比一年前长高了 2 厘米。
키를 재 보니까 1 년 전보다 2 센치 더 컸다.

＋量（はか）る 测量 / 무게를 달다

"測る"用于长度、温度等，"量る"用于重量、体积。
"測る"은 길이 및 열, "量る"는 무게나 양에 쓴다.

875 体重（たいじゅう） 名
朝（あさ）と夜（よる）、体重（たいじゅう）をチェックしている。

体重 / 체중
早晚称体重。
아침과 저녁에 체중을 체크하고 있다.

876 体重計（たいじゅうけい） 名
新（あたら）しい体重計（たいじゅうけい）で、家族（かぞく）の健康（けんこう）をチェックする。

体重秤 / 체중계
用这个新的体重秤检查家人的健康状况。
새로운 체중계로 가족의 건강을 체크한다.

＋はかり 秤 / 저울

877 体温（たいおん） 名
私（わたし）の体温（たいおん）は、ふだん36（さんじゅうろく）度（ど）ちょっとです。

体温 / 체온
我的体温一般是 36 度多一点。
나의 체온은 보통 딱 36 도입니다.

＋体温計（たいおんけい） 体温计 / 체온계

878
額 ひたい
名
额头
이마
彼の額をさわったら、とても熱かった。
我摸了摸他的额头，发现非常热。
그의 이마에 손을 대 보았더니 매우 뜨거웠다.
= おでこ（主要用于对话中 / 대화에 자주 사용한다）

879
血液 けつえき
名
血液
혈액
血液を調べると、病気がわかる。
检查一下血液，就能知道得了什么病。
혈액을 검사해 보면 질병을 알 수 있다.
= 血 ち

880
血液型 けつえきがた
名
血型
혈액형
私の血液型はB型、彼はO型です。
我的血型是B型，我男朋友是O型。
내 혈액형은 B 형이고, 그는 O 형입니다.
+ 血液型占い けつえきがたうらない 血型占卜 / 혈액형 운세

881
心臓 しんぞう
名
心脏
심장
運動すると、心臓の動きが速くなる。
一运动，心跳就会加快。
운동하면 심장의 움직임이 빨라진다.

882
汗 あせ
名
汗
땀
スポーツで汗をかくのは気持ちがいい。
运动出汗是非常舒服的。
스포츠로 땀을 흘리는 것은 기분이 좋다.

883
息 いき
名
呼吸
숨
ゆっくり息をしてください。
请慢慢地呼吸。
천천히 숨을 쉬십시오.

884
ため息 ためいき
名
叹气
한숨
また体重が増えて、ため息が出た。
体重又增加了，我叹了一口气。
또 체중이 늘어서 한숨이 나왔다.

885
皮ふ ひふ
名
皮肤
피부
皮ふが弱いので、クリームを使っている。
我的皮肤很敏感，一直在用护肤霜。
피부가 약하기 때문에 크림을 사용하고 있다.

886 □ 名	顔色（かおいろ）	今日、彼は顔色が悪い。（きょう、かれ、かおいろ、わる）
	脸色 안색	他今天的脸色很差。 오늘 그는 안색이 나쁘다.
887 □ 名	睡眠（すいみん）	健康のために、睡眠に気をつけている。（けんこう、すいみん、き）
	睡眠 수면	为了健康，我一直很注意睡眠。 건강을 위해 수면에 신경을 많이 쓰고 있다.

= 眠り（ねむ） + 睡眠時間（すいみんじかん） 睡眠时间 / 수면 시간・睡眠不足（すいみんぶそく） 睡眠不足 / 수면 부족

888 □ 名	まぶた	花粉症で、まぶたが赤くなった。（かふんしょう、あか）
	眼皮 눈꺼풀	因为花粉症，眼皮变红了。 꽃가루 알레르기로 눈꺼풀이 붉어졌다.
889 □ ナ形	丈夫な（じょうぶ）	子どものころから、体が丈夫です。（こ、からだ、じょうぶ）
	结实 튼튼한 / 튼튼하다	我从小身体就很结实。 어릴 때부터 몸이 튼튼합니다.

也可以用来形容人 / 사람에게도 물건에도 사용

890 □ 名	歯科医（しかい）	1年に1回、歯科医に診てもらう。（ねん、いっかい、しかい、み）
	牙医 치과 의사	每年看一次牙医。 1 년에 한 번 치과 의사의 진찰을 받는다.

= 歯医者（はいしゃ）

891 □ 名	虫歯（むしば）	虫歯が見つかったので、歯医者に通っている。（むしば、み、はいしゃ、かよ）
	蛀牙 충치	检查发现我蛀牙了，所以我去看牙医。 충치가 있어서 치과에 다니고 있다.
892 □ 名	裸（はだか）	私は子どものころ、裸で泳いでいた。（わたし、こ、はだか、およ）
	裸体 알몸	小时候，我曾光着身子游泳。 나는 어렸을 때 알몸으로 수영을 했다.
893 □ 名	裸足（はだし）	夏休みに、裸足で海岸を走った。（なつやす、はだし、かいがん、はし）
	赤脚 맨발	暑假里，我光着脚在海边跑。 여름 방학 때에 맨발로 해변을 달렸다.

Section 2

何のサイン？

什么的信号？ / 무슨 사인？

894 □	調子	ゆうべワインを飲みすぎて、今日は調子がよくない。
名	情况，样子 상태 / 컨디션	我昨晚红酒喝多了，今天不舒服。 어젯밤 와인을 너무 마셔서 오늘은 컨디션이 좋지 않다.
895 □	あくび〈する〉	彼は大きなあくびをした。
名	哈欠 하품 <하다>	他打了一个大大的哈欠。 그는 크게 하품을 했다.
896 □	しゃっくり〈する〉	しゃっくりが止まらなくなった。
名	打嗝儿 딸꾹질 <하다>	打嗝儿停不下来。 딸꾹질이 멈추지 않는다.

➕ げっぷ〈する〉 嗳气，打嗝儿 / 트림 <하다>

897 □	よだれ	いい匂いだ。よだれが出てきた。
名	口水 군침	好香！口水都流出来了。 좋은 냄새다. 군침이 나왔다.
898 □	にきび	睡眠不足で、にきびができた。
名	痤疮，粉刺 여드름	因为睡眠不足，我长粉刺了。 수면 부족으로 여드름이 생겼다.
899 □	気になる	最近、健康のことが気になっている。
動	担心，介意 걱정이 되다 / 마음에 걸리다 / 신경이 쓰이다	我最近比较担心我的健康状况。 최근 건강이 마음에 걸린다.
900 □	気にする	健康は大切だが、気にしすぎるのはよくない。
動	关心，在意 걱정하다 / 마음에 두다 / 신경을 쓰다	健康固然很重要，但太过在意就不好了。 건강은 중요하지만 너무 신경 쓰는 것은 좋지 않다.

No.	単語	例文
901 □ 名	白髪（しらが） 白头发 백발 / 흰머리	最近（さいきん）、白髪（しらが）が急（きゅう）に増（ふ）えてきた。 最近，白头发突然变多了。 최근 흰머리가 갑자기 많아졌다.
902 □ 動	抜（ぬ）く 拔 뽑다	娘（むすめ）に白髪（しらが）を抜（ぬ）いてもらった。 我让女儿帮我拔了白头发。 딸에게 흰머리를 뽑아 달라고 했다.

＋（～が）抜（ぬ）ける 脱落；掉落 / (~ 이) 빠지다

No.	単語	例文
903 □ 動	生（は）える 长，生 나다	息子（むすこ）に歯（は）が生（は）えてきた。 儿子开始长牙了。 아들이 이가 났다.
904 □ 名	しみ 斑点 얼룩 / 기미	ほほに小（ちい）さなしみができた。 脸颊上长出了一小块斑。 뺨에 작은 기미가 생겼다.
905 □ 名	しわ 皱纹 주름	おでこのしわが気（き）になる。 额头上的皱纹让我比较介意。 이마의 주름이 신경이 쓰인다.
906 □ 名	日焼（ひや）け〈する〉 晒黑 피부를 햇볕에 태우다 / 그을리다	海（うみ）に行（い）ったら、日焼（ひや）けした。 去了海边，我就晒黑了。 바다에 갔더니 피부가 햇볕에 탔다.
907 □ 名	傷（きず） 伤 상처	転（ころ）んで、ひざに傷（きず）ができた。 我摔了一跤，膝盖受伤了。 넘어져 무릎에 상처가 생겼다.
908 □ 動	酔（よ）っぱらう 醉酒 술에 취하다	最近（さいきん）、ビール1杯（いっぱい）で酔（よ）っぱらう。 最近，我喝 1 杯啤酒就醉了。 최근 맥주 1 잔에 취한다.

909 □ 名

酔っぱらい（よ）

忘年会の季節は、酔っぱらいが増える。（ぼうねんかい きせつ よ ふ）

喝醉酒的人
취객 / 주정꾼 / 술에 몹시 취한 사람

开忘年会的那段时间，喝醉酒的人会比平时多。
송년회 시즌은 술 취한 사람이 는다.

910 □ ナ形

ぺこぺこな

ジョギングのあとなので、おなかがぺこぺこだ。

瘪；饿
배가 몹시 고프다 / 머리를 숙여 굽실거리다

我刚跑完步，所以肚子很饿。
조깅한 후라서 배가 몹시 고프다.

911 □ ナ形

からからな

今日は暑くて、のどがからからになった。（きょう あつ）

干透，干巴巴
마짝 마른 / 바짝 마르다

今天好热，嗓子渴得冒烟了。
오늘은 더워서 목이 바짝 말랐다.

912 □ 名

ダイエット

太ったので、ダイエットを始めようと思う。（ふと はじ おも）

减肥
다이어트

我胖了，所以打算开始减肥。
살이 쪄서 다이어트를 시작하려고 생각한다.

913 □ 名

カロリー

食品のカロリーが、とても気になる。（しょくひん き）

热量
칼로리

我非常在意食品的热量。
음식의 칼로리가 매우 신경 쓰인다.

➕ 低カロリー食品（てい しょくひん） 低热量食品 / 저칼로리 식품

914 □ 動

控える（ひか）

カロリーが高い物は、できるだけ控えている。（たか もの ひか）

控制，节制
삼가다 / 줄이다 / 제한하다 / 자제하다

我尽可能地控制食用热量高的食物。
칼로리가 높은 것은 가능한 한 삼가고 있다.

915 □ 副

つい

食事のあとに、つい甘い物を食べてしまう。（しょくじ あま もの た）

不知不觉，不由得
자신도 모르게 / 무심코 / 그만

吃完饭，我会不由得地把甜点吃掉。
식사 후 무심코 단것을 먹어 버린다.

Section 3

症状（しょうじょう）

症状 / 증상

916 □ 名	アレルギー	病院（びょういん）で、猫（ねこ）アレルギーだと言（い）われた。
	过敏 **알레르기**	在医院，我被告知我对猫过敏。 병원에서 고양이 알레르기라고 했다.

➕ ほこりアレルギー 灰尘过敏 / 먼지 알레르기

917 □ 名	花粉症（かふんしょう）	くしゃみが止（と）まらない。花粉症（かふんしょう）かもしれない。
	花粉症 **꽃가루 알레르기**	我不停地打喷嚏，可能是花粉症。 재채기가 멈추지 않는다. 꽃가루 알레르기인지도 모른다.
918 □ 名	うがい〈する〉	家（いえ）に帰（かえ）ったら、必（かなら）ずうがいをしている。
	漱口 **양치질 < 하다 >**	回到家之后，我一定会漱口。 집에 돌아오면 반드시 양치질하고 있다.

➕ うがい薬（ぐすり） 漱口水 / 가글

919 □ 名	手洗（てあら）い	いつも、しっかり手洗（てあら）いをしよう。
	洗手 **손 씻기 / 화장실**	平时要好好地洗手。 항상 잘 손을 씻자.
920 □ 名	くしゃみ〈する〉	彼（かれ）は朝（あさ）からずっと、くしゃみをしている。
	喷嚏 **재채기 < 하다 >**	他从早上开始就一直在打喷嚏。 그는 아침부터 계속 재채기를 하고 있다.
921 □ 名	鼻水（はなみず）	くしゃみと鼻水（はなみず）が止（と）まらない。
	鼻涕 **콧물**	我不停地打喷嚏、流鼻涕。 재채기와 콧물이 멈추지 않는다.
922 □ 名	マスク	花粉症（かふんしょう）の季節（きせつ）は、マスクをする。
	口罩 **마스크**	到了会犯花粉症的季节，我就戴口罩。 꽃가루 알레르기의 계절은 마스크를 한다.

No.	語	例文
923 □ イ形	つらい 难受 힘든 / 힘들다 / 괴로운 / 괴롭다	今朝から熱があって、つらい。 我今天早上开始发烧，很难受。 오늘 아침부터 열이 있어 괴롭다 .
924 □ イ形	かゆい 痒 가려운 / 가렵다	花粉が多い日は、目がかゆくなる。 花粉多的日子里，我的眼睛会发痒。 꽃가루가 많은 날은 눈이 가려워진다 .
925 □ 名	かゆみ 发痒 가려움	かゆみが、だんだんひどくなってきた。 痒得越来越厉害了。 가려움증이 점점 심해지고 왔다 .
926 □ 動	かく 搔，挠 긁다	かゆくても、かかないでください。 就算痒，也不要挠。 가려워도 긁지 마십시오 .
927 □ 動	こする 擦，揉 문지르다 / 비비다	目をこすりすぎて、赤くなった。 眼睛揉多了，发红了。 눈을 너무 문질러 붉어졌다 .
928 □ 動	(肩が) こる (肩膀) 僵硬 (어깨가) 빠근하다	ずっと勉強していて、肩がこった。 一直在学习，肩膀都僵硬了。 계속 공부했더니 어깨가 빠근했다 .
929 □ 名	肩こり 肩酸，肩头发僵 어깨 결림	肩こりがひどいと、気持ちが悪くなる。 如果肩膀僵硬得厉害，我就很不舒服。 어깨 결림이 심할 때 기분이 나빠진다 .
930 □ イ形	だるい 发懒 나른한 / 나른하다	体がだるい。かぜかもしれない。 身体发懒。可能是感冒了。 몸이 나른하다 . 감기에 걸렸는지도 모른다 .
931 □ 名	だるさ 发懒的程度 나른함	少し寝たら、体のだるさが少しとれた。 睡了一会儿，身体稍微没那么发懒了。 조금 잤더니 , 몸의 나른함이 조금 덜어졌다 .

932 □ 名	マッサージ〈する〉	肩(かた)こりがひどいので、マッサージしてもらった。
	按摩 마사지 <하다>	肩膀僵硬得厉害，于是我去做了按摩。 어깨 결림이 심해서 , 마사지를 받았다 .

大文夫？
だいじょうぶ

没事吧? / 괜찮아 ?

933 □ 名	痛み（いた） 疼痛 / 통증 / 고통	体の痛みは、何かのサインだ。（からだ・いた・なに） 身体疼痛是某些疾病的信号。 몸의 통증은 뭔가의 사인이다.
934 □ 名	頭痛（ずつう） 头疼 / 두통	頭痛がひどいので、今日は会社を休みます。（ずつう・きょう・かいしゃ・やす） 我头疼得厉害，今天要请假。 두통이 심해서 오늘은 회사를 쉬겠습니다.
935 □ 名	腹痛（ふくつう） 腹痛 / 복통	腹痛がひどくて、学校に行けなかった。（ふくつう・がっこう・い） 我肚子疼得厉害，没能去学校。 복통이 심해서 학교에 갈 수 없었다.

➕ 胃痛（いつう） 胃痛 / 위통 / 위장 통 / 복통

936 □ イ形	はげしい 剧烈 / 격렬한 / 격렬하다 / 심하다	はげしい頭痛がしたので、病院で診てもらった。（ずつう・びょういん・み） 头痛剧烈，于是我去医院看了看。 심한 두통 때문에 병원에서 진찰받았다.
937 □ 名 ナ形	異常〈な〉（いじょう） 异常 / 이상 <하다>	医者に診てもらったが、異常はなかった。(名)（いしゃ・み・いじょう） この痛みは異常だ。(ナ形)（いた・いじょう） 我看过医生了，没有异常。 这种痛不正常。 의사한테 진찰을 받았지만 이상은 없었다. 이 통증은 이상하다.

↔ 正常〈な〉（せいじょう）

938 □ 名	めまい 头晕 / 현기증	急に立ち上がったら、めまいがした。（きゅう・た・あ） 猛地一起身，头就晕了。 갑자기 일어섰더니 현기증이 났다.

No.	単語	例文
939 □	やけど〈する〉	なべのお湯(ゆ)で<u>やけどした</u>。
名	**烧伤，烫伤** **화상**	我被锅里的热水烫伤了。 냄비의 끓는 물에 화상을 입었다.
940 □	吐(は)く	晩(ばん)ごはんに食(た)べた物(もの)を<u>吐(は)いて</u>しまった。
動	**呕吐** **토하다**	晚饭吃的全吐了。 저녁 때 먹은 것을 토해 버렸다.
941 □	吐(は)き気(け)	<u>吐(は)き気(け)</u>がするので、何(なに)も食(た)べられない。
名	**恶心，想吐** **메스꺼움 / 구역질**	我恶心，什么都吃不下。 구역질 때문에 아무것도 먹을 수 없다.
942 □	(痛(いた)みが)とれる	薬(くすり)を飲(の)んでも、なかなか痛(いた)みが<u>とれ</u>ない。
動	**(疼痛) 消除** **(통증이) 사라지다**	就算吃了药，疼痛也不见消。 약을 먹어도 좀처럼 통증이 사라지지 않는다.

➕ (痛(いた)みを) とる 消除（疼痛）/ (고통을) 없애다

No.	単語	例文
943 □	インフルエンザ	全国(ぜんこく)で、<u>インフルエンザ</u>が流行(りゅうこう)している。
名	**流感** **인플루엔자 / 독감**	全国正在闹流感。 전국에서 인플루엔자가 유행하고 있다.
944 □	ウイルス	今年(ことし)のインフルエンザの<u>ウイルス</u>は、とても強(つよ)いようだ。
名	**病毒** **바이러스**	今年的流感病毒似乎非常凶猛。 올해의 독감 바이러스는 매우 강한 것 같다.
945 □	ふるえる	寒(さむ)くて、体(からだ)が<u>ふるえた</u>。
動	**颤动，发抖** **떨리다**	冷得身体发抖。 추워서 몸이 떨렸다.
946 □	うなる	ゆうべは39度(さんじゅうくど)の熱(ねつ)があって、ずっと<u>うなって</u>いた。
動	**呻吟，哼哼** **신음하다**	昨晚我烧到 39 度，一直在哼哼着。 어젯밤은 39 도의 열이 있어 계속 끙끙거렸다.

947 □ 動

苦しむ
くる

早く病院に行けば、こんなに苦しまなかったのに。
はや　びょういん　い　くる

感到痛苦；受折磨
괴로워하다 / 고통을 느끼다 / 고생하다

早一点去医院，就不用这么受罪了。
빨리 병원에 갔으면 이렇게 고통을 받지 않았을 텐데 .

948 □ 動

しびれる

手と足が少ししびれている。
て　あし　すこ

麻木，发麻
(근육 뼈마디 등이) 저리다

手脚有点儿发麻。
손과 발이 약간 저리고 있다 .

＋ しびれ 麻 / 마비 / 손발이 저림

949 □ 名

部分
ぶぶん

頭の、どの部分が痛いですか。
あたま　ぶぶん　いた

部分
부분

头的哪个位置疼?
머리의 어느 부분이 아픈가요 ?

↔ 全体
ぜんたい

950 □ 名

骨折〈する〉
こっせつ

バレーボールで、右手の中指を骨折した。
みぎ て　なかゆび　こっせつ

骨折
골절 < 하다 >

打排球打得右手中指骨折了。
배구 경기를 하다가 오른손 가운뎃손가락을 골절했다 .

951 □ 動

さわる

そこは痛いから、さわらないで。
いた

碰，摸
손대다 / 만지다

那里疼，别碰。
거기는 아프니까 만지지 말아요 .

Section 5

病院
びょういん

医院 / 병원

952 □ 名	患者 かんじゃ	この病院は、高齢の患者が多い。
	患者，病人 환자	这所医院有很多老年病人。 이 병원은 고령의 환자가 많다.

➕ 入院患者 住院患者 / 입원 환자

953 □ 名	診察〈する〉 しんさつ	鈴木先生は診察中です。
	看病，检查 진찰 <하다>	铃木医生正在看病。 스즈키 선생님은 진찰 중입니다.

➕ 診察室 诊疗室 / 진찰실・診察時間 门诊时间 / 진찰 시간・診察券 挂号单 / 진찰권

954 □ 名	検査〈する〉 けんさ	大きな病院で検査したほうがいいですよ。
	检查 검사 <하다>	最好去大医院检查一下。 큰 병원에서 검사하는 것이 좋아요.

➕ 検査入院 入院进行例行检查 / 검사 입원

955 □ 名	治療〈する〉 ちりょう	兄は、けがの治療のために入院している。
	治疗 치료 <하다>	哥哥正因伤入院治疗。 오빠 / 형은 상처 치료를 위해 입원해 있다.

➕ 治療費 治疗费 / 치료비・治療方法 治疗方法 / 치료 방법

956 □ 名	健康診断 けんこうしんだん	毎年、健康診断を受けている。
	体检 건강 진단	我每年都接受体检。 매년 건강 검진을 받고 있다.

957 □ 名	内科 ないか	かぜをひいたら、内科に行く。
	内科 내과	要是感冒了，就去内科。 감기에 걸리면 내과에 간다.

958 □ 名	外科（げか）	けがをしたので、外科で診てもらった。
	外科 외과	我受伤了，就去看了外科。 상처를 입어서 외과에서 진단을 받았다.
959 □ 名	小児科（しょうにか）	小児科から、子どもの泣き声が聞こえてきた。
	儿科 소아과 (소아청소년과)	儿科诊室传来了孩子的哭声。 소아과에서 아이의 울음소리가 들려왔다.
960 □ 名	保険（ほけん）	病気やけがのために、保険に入った。
	保险 보험	考虑到生病、受伤，我加入了保险。 질병이나 부상에 대한 보험에 들었다.

➕ 生命保険（せいめいほけん） 人寿保险 / 생명 보험

961 □ 名	保険証（ほけんしょう）	病院に、保険証を持っていくのを忘れた。
	保险证 보험증	我忘记带保险证去医院了。 병원에 보험증을 가지고 가는 것을 잊었다.
962 □ 動	効く（き）	この薬は、かぜによく効く。
	有效，见效 효과가 있다	这药治感冒很见效。 이 약은 감기에 잘 듣는다.

➕ 効果がある（こうか） 有效果 / 효과가 있다

963 □ 名	注射〈する〉（ちゅうしゃ）	注射をしてもらったら、すぐに熱が下がった。
	注射，打针 주사 <하다>	打了针，立刻退烧了。 주사를 맞고 바로 열이 떨어졌다.
964 □ 名	おんぶ〈する〉	娘をおんぶして、病院に行った。
	背 어부바 <하다>/ 등에 업다	我背着女儿去了医院。 딸을 등에 업고 병원으로 갔다.
965 □ 名	だっこ〈する〉	夫が初めて娘をだっこした。
	抱 안다	老公第一次抱了女儿。 남편이 처음으로 딸을 안았다.

966 栄養（えいよう）［名］
- 营养
- 영양

栄養（えいよう）のある物（もの）を食（た）べてください。
要吃有营养的食物。
영양가 있는 것을 드세요 .

967 回復〈する〉（かいふく）［名］
- 恢复
- 회복 < 하다 >

薬（くすり）が効（き）いて、翌日（よくじつ）には体調（たいちょう）が回復（かいふく）した。
吃的药见效了，第二天，我的身体就恢复了。
약이 효과가 있어 다음날 컨디션이 회복됐다 .

＋ 悪化〈する〉（あっか） 恶化 / 악화 < 하다 >

968 証明〈する〉（しょうめい）［名］
- 证明
- 증명 < 하다 >

インフルエンザを証明（しょうめい）するために、診断書（しんだんしょ）を書（か）いてもらった。
为了证明我得了流感，我让医生开了诊断书。
인플루엔자를 증명하는 진단서를 써 받았다 .

＋ 証明書（しょうめいしょ） 证明 / 증명서

969 そっと〈する〉［副］
- 悄悄地，轻轻地
- 살짝 / 살그머니 / 조용히

子（こ）どもが起（お）きないように、そっとドアを閉（し）めた。
我轻轻地关上了门，以免吵醒孩子。
아이가 잠깨지 않도록 살짝 문을 닫았다 .

970 じっと〈する〉［副］
- 保持稳定，一动不动
- 가만히

動（うご）かないで、じっとしてください。
待着，别动。
움직이지 말고 가만히 계십시오 .

971 手術〈する〉（しゅじゅつ）［名］
- 手术
- 수술 < 하다 >

母（はは）は足（あし）の手術（しゅじゅつ）をした。
妈妈做了腿部手术。
어머니는 다리 수술을 했다 .

972 包帯（ほうたい）［名］
- 绷带
- 붕대

退院（たいいん）したとき、まだ包帯（ほうたい）をしていた。
出院时我还绑着绷带。
퇴원했을 때 아직 붕대를 하고 있었다 .

973 巻く（まく）［動］
- 卷，缠
- 감다

自分（じぶん）で包帯（ほうたい）を巻（ま）くのは難（むずか）しい。
自己缠绷带是一件难事。
자기자신 혼자서 붕대를 감는 것은 어렵다 .

974	長生き〈する〉 ながい	できるだけ長生きしたいと思っている。 ながい おも
名	长寿 장수 <하다>/ 오래 살다	我想尽可能活得长一些。 가능한 한 오래 살고 싶다고 생각한다.

N3

Chapter 9

自然と暮らし

しぜん　く

自然与生活

자연과 생활

自然（しぜん）

大自然 / 자연

975 □ ナ形	豊（ゆた）かな	日本（にほん）は、自然（しぜん）が豊（ゆた）かな国（くに）だ。
	丰富，富裕 풍부한 / 풍부하다	日本是一个大自然丰富的国家。 일본은 자연이 풍부한 나라다.

➕ 豊富（ほうふ）な 丰富 / 풍부한

"豊富"用来形容事物的充足，而"豊か"不仅用于事物，可以更广泛地用来表示某物的富余，如"心が豊かだ"。
"豊富"는 물건이 많이 모습. "豊か"는 물건뿐만 아니라 "心が豊かだ"처럼 넓은 의미에서 여유가 있다는 의미로 쓰인다.

976 □ 名	資源（しげん）	資源（しげん）は大切（たいせつ）に使（つか）わなければならない。
	资源 자원	我们必须珍惜使用资源。 자원은 소중히 써야 한다.
977 □ 名	種類（しゅるい）	いろいろな種類（しゅるい）の花（はな）が咲（さ）いている。
	种类 종류	各种各样的鲜花盛开了。 여러 종류의 꽃이 피어 있다.
978 □ 動	枯（か）れる	庭（にわ）のチューリップが枯（か）れてしまった。
	凋零；干燥 시들다	院子里的郁金香枯萎了。 정원의 튤립이 시들어 버렸다.
979 □ 動	散（ち）る	入学式（にゅうがくしき）の前（まえ）に、さくらが散（ち）った。
	落，凋谢 (꽃 / 잎) 이 지다 / (꽃 / 잎) 이 떨어지다	入学典礼之前，樱花凋谢了。 입학식 전에 벚꽃이 떨어졌다.

↔ 咲（さ）く

980 □ 名	草（くさ）	草（くさ）の名前（なまえ）を本（ほん）で調（しら）べた。
	草 풀	我在书上查了草的名称。 풀의 이름을 책에서 조사했다.

➕ 雑草（ざっそう） 杂草 / 잡초

981 □ 名	種 たね	庭に花の種をまいた。 にわ はな たね
	种子 씨 / 씨앗	我在院子里种下了花的种子。 정원에 꽃씨를 뿌렸다.
982 □ 動	浮かぶ う	湖に小さな舟が浮かんでいる。 みずうみ ちい ふね う
	漂，浮 뜨다	湖里漂着一艘小船。 호수에 작은 배가 떠 있다.

➕ 浮く う 漂，浮 / 뜨다

983 □ 名	太陽 たいよう	窓から太陽の光が入ってきた。 まど たいよう ひかり はい
	太阳 태양 / 해	阳光透过窗户照了进来。 창문을 통해 태양 빛 / 햇빛이 들어왔다.

➕ 日 ひ 太阳 / 해・日の出 ひ で 日出 / 일출・日の入り ひ い 日落 / 일몰

984 □ 動	現れる あらわ	東の空から太陽が現れた。 ひがし そら たいよう あらわ
	出现 나타나다	太阳出现在东边的天空上了。 동쪽 하늘에서 태양이 나타났다.
985 □ 動	沈む しず	太陽が海に沈むとき、美しくて感動する。 たいよう うみ しず うつく かんどう
	下沉 (해 / 달) 이 지다 / 가라앉다	太阳沉落大海的那一刻，美得让人感动。 해가 바다에 질 때 아름다워 감동한다.
986 □ イ形	薄暗い うすぐら	太陽が沈み、薄暗くなった。 たいよう しず うすぐら
	昏暗 조금 어둡다 / 어둑하다	太阳落山，天色变得昏暗了。 해가 져서 조금 어두워졌다.
987 □ 名	穴 あな	冬の間、クマは穴の中で暮らす。 ふゆ あいだ あな なか く
	洞穴 구멍 / 동굴	整个冬天，熊将生活在洞穴里。 겨울 동안 곰은 구멍 / 동굴 속에서 살고 있다.
988 □ 動	ほる	うちの犬が、庭に穴をほった。 いぬ にわ あな
	挖，刨 파다	我家的狗在院子里刨了个洞。 우리 개가 마당에 구멍을 팠다.

989 □	うめる	庭に穴をほって、生ごみをうめた。 にわ あな なま
動	填；埋 메우다 / 묻다	我在院子里挖了个洞，把厨余垃圾埋了进去。 정원에 구멍을 파고 음식물 쓰레기를 묻었다.
990 □	土 つち	この皿は、この山の土で、できている。 さら やま つち
名	土 흙	这个碟子是用这座山上的土制作的。 이 접시는 이 산의 흙으로 만들어졌다.
991 □	岩 いわ	大きな岩の上に座って、海を見た。 おお いわ うえ すわ うみ み
名	岩石 바위	我坐在一块巨大的岩石上看海。 큰 바위에 앉아 바다를 보았다.
992 □	丘 おか	向こうの丘の上に、小さな家が見える。 む おか うえ ちい いえ み
名	山冈，小山 언덕	可以看到对面那座小山上有一栋小房子。 저쪽 언덕 위에 작은 집이 보인다.
993 □	火山 かざん	日本には、火山がたくさんある。 にほん かざん
名	火山 화산	日本有许多火山。 일본에는 화산이 많이 있다.
994 □	想像〈する〉 そうぞう	ここが昔は海だったなんて、想像できない。 むかし うみ そうぞう
名	想象 상상 <하다>	难以想象，以前这里居然是大海。 여기가 옛날에 바다였다니, 상상할 수 없다.

➕ 想像力 そうぞうりょく 想象力 / 상상력

995 □	見上げる みあ	空を見上げると、星がいっぱいだった。 そら みあ ほし
動	抬头看，仰视 우러러보다	抬头一看，满天繁星。 하늘을 우러러보면 별이 가득했다.
996 □	見下ろす みお	山の上から、町を見下ろす。 やま うえ まち みお
動	低头看，俯视 내려다보다	从山上俯视小城。 산 위에서 거리를 내려다본다.
997 □	ほえる	夜、動物がほえるのが聞こえた。 よる どうぶつ き
動	叫，吼 짖다	夜晚，我听到了动物的叫声。 밤에 동물이 짖는 소리가 들렸다.

998	しっぽ	うちの猫(ねこ)のしっぽは長(なが)い。
名	尾巴 꼬리	我家猫的尾巴很长。 우리집 고양이의 꼬리는 길다.

= 尾(お)(书面语 / 문장어(글말))

999	さびる	海(うみ)のそばに引(ひ)っ越(こ)したら、車(くるま)がさびた。
動	生锈 녹슬다	搬到海边之后，车子生锈了。 바다 근처에 이사했더니 차가 녹슬었다.

明日の天気
あした　てんき

明天的天气 / 내일의 날씨

1000 予想〈する〉（よそう） 名
预计，预想
예상 <하다>

明日は雨だと予想している。
（あした　あめ　よそう）
预计明天会下雨。
내일 비가 올 것으로 예상하고 있다.

1001 予報〈する〉（よほう） 名
预报
예보 <하다>

明日の予報は大雨だ。
（あした　よほう　おおあめ）
明天预报会下大雨。
내일의 일기예보는 폭우라고 한다.

➕ 天気予報（てんきよほう） 天气预报 / 일기예보

1002 湿度（しつど） 名
湿度
습도

今日は、とても湿度が高くなりそうだ。
（きょう　しつど　たか）
今天的湿度可能会变得很高。
오늘은 매우 습도가 높아질 것 같다.

1003 湿気（しっけ） 名
湿气
습기

日本の夏は湿気が多い。
（にほん　なつ　しっけ　おお）
日本的夏天湿气大。
일본의 여름은 습기가 많다.

➕ 湿る（しめる） 潮湿 / 습하다

1004 くもる 動
阴天
구름이 끼다 / 흐리다

今はくもっているが、すぐに晴れるだろう。
（いま　は）
虽然现在是阴天，但应该马上会转晴。
지금은 흐려 있지만 곧 갤 것이다.

➕ くもり （天）阴 / 흐림

1005 嵐（あらし） 名
暴风雨
폭풍

嵐になりそうなので、早めに家に帰ろう。
（あらし　はや　いえ　かえ）
暴风雨眼看就要来了，早点儿回家吧。
폭풍이 올 것 같으니 빨리 집으로 돌아가자.

1006 強風（きょうふう） 名
强风，大风
강풍

強風で木が倒れた。
（きょうふう　き　たお）
大风把树刮倒了。
강풍에 나무가 쓰러졌다.

1007 □ 名

大雨（おおあめ）

昨日（きのう）は、大雨（おおあめ）で出（で）かけられなかった。

大雨
폭우 / 호우

昨天下大雨，我没办法出门。
어제는 폭우로 외출할 수 없었다.

↔ 小雨（こさめ）

1008 □ 名

折（お）りたたみ傘（がさ）

折（お）りたたみ傘（がさ）をバッグに入（い）れて、出（で）かける。

折叠伞
접는 우산

出门时我把折叠伞放进包里。
접는 우산을 가방에 넣고 나간다.

"伞"可省略，直接说"折りたたみ"也表示折叠伞。
우산을 생략하고 "折りたたみ"라고만 해도 의미를 알 수 있다.

1009 □ 動

（傘（かさ）を）さす

雨（あめ）の中（なか）、傘（かさ）をさしていない人（ひと）もいる。

撑（伞）
우산을 쓰다

雨中也有人不打伞。
비가 오는 데도 우산을 쓰지 않은 사람도 있다.

1010 □ 名

にわか雨（あめ）

にわか雨（あめ）が降（ふ）りそうなので、傘（かさ）を持（も）って行（い）く。

阵雨
소나기

眼看要下阵雨了，我把伞带上。
소나기가 올 것 같으니까 우산을 가지고 간다.

"にわかに"表示某事发生得太突然，无法提前预计。
"にわかに"는 "예상할 수 없을 정도로 갑자기"라는 의미.

1011 □ 副

突然（とつぜん）

突然（とつぜん）、空（そら）が暗（くら）くなった。

突然
갑자기

突然，天变暗了。
갑자기 하늘이 어두워졌다.

1012 □ 名

とたん［に］

家（いえ）に帰（かえ）ると、とたんに雨（あめ）が降（ふ）ってきた。

一……就……
바로 그 순간

我一回到家，雨就下起来了。
집에 돌아가자 바로 그 순간 비가 왔다.

1013 □ 動

ぬれる

傘（かさ）がなくて、雨（あめ）にぬれた。

湿，淋湿
젖다

我没带伞，被雨淋湿了。
우산이 없어서 비에 젖었다.

＋（～を）ぬらす 弄湿，淋湿 / (~을) 적시다

975 - 1074

1014 □ 慣	あっという間(ま)	雨(あめ)はあっという間(ま)に、はげしくなった。
	瞬间 순식간에	雨瞬间下大了。 비는 순식간에 심하게 내렸다.
1015 □ 動	止(や)む	にわか雨(あめ)なので、すぐに止(や)むだろう。
	停止 (비가) 멎다 / 그치다	这是阵雨，应该很快就停了。 소나기이니까 곧 그칠 것이다.
1016 □ 名	ところどころ	昨日(きのう)降(ふ)った雪(ゆき)が、ところどころに残(のこ)っている。
	这儿那儿，有些地方 군데군데	有些地方还残留着昨天下的雪。 어제 내린 눈이 군데군데 남아있다.
1017 □ 動	積(つ)もる	雪(ゆき)が積(つ)もっているので、気(き)をつけて歩(ある)こう。
	积，堆积 쌓이다	积雪了，走路要小心。 눈이 쌓여 있으니까 조심해서 걷자.
1018 □ 名	快晴(かいせい)	今日(きょう)は快晴(かいせい)で、雲(くも)が一(ひと)つもない。
	晴朗，万里无云 쾌청	今天天气晴朗，万里无云。 오늘은 쾌청해서 구름이 하나도 없다.
1019 □ 動	かがやく	今夜(こんや)は、月(つき)がかがやいている。
	放光，闪耀 빛나다	今夜月光皎洁。 오늘 밤은 달이 빛나고 있다.
1020 □ イ形	まぶしい	急(きゅう)に天気(てんき)がよくなって、太陽(たいよう)がまぶしい。
	晃眼，耀眼 눈부시다	天气突然变好了，阳光直晃眼睛。 갑자기 날씨가 좋아져서 태양이 눈부시다.
1021 □ 名	のち	明日(あした)の天気(てんき)は、雨(あめ)のち晴(は)れだそうだ。
	后，之后 뒤 / 다음	据说明天天气雨转晴。 내일의 날씨는 비가 온 다음 맑음이란다.
1022 □ 動	当(あ)たる	この番組(ばんぐみ)の天気予報(てんきよほう)は、よく当(あ)たる。
	中，成功 맞다 / 적중하다	这个节目的天气预报常常很准。 이 프로그램의 일기예보는 잘 맞는다.

⇔ 外(はず)れる

1023 ☐ 名	ふるさと	私の(わたし)ふるさとでは、雪(ゆき)がたくさん降(ふ)る。
	故乡 고향	我的故乡常常下雪。 내 고향에서는 눈이 많이 내린다.

Section 3

暑い日と寒い日

あつ ひ さむ ひ

炎热的日子和寒冷的日子 / 더운 날과 추운 날

1024 □ イ形	蒸し暑い（むしあつい） 闷热 무더운 / 무덥다	今日は湿度が高くて、蒸し暑い。 今天湿度高，很闷热。 오늘은 습도가 높아서 무덥다.
1025 □ 名	温度計（おんどけい） 温度计 온도계	この温度計は湿度も測れる。 这个温度计还可以测湿度。 이 온도계는 습도도 측정할 수 있다.

➕ 湿度計（しつどけい） 湿度计 / 습도계

1026 □ 名	プラス 加；正 플러스	明日の気温は、今日と比べてプラス３度らしい。 据说明天的气温会比今天高 3 度。 내일 기온은 오늘과 비교해서 플러스 3 도인 것 같다.
1027 □ 名	マイナス 减；负 마이너스	①今日の気温は、昨日と比べてマイナス 10 度だった。 ②明日の朝の気温は、マイナスになるだろう。 ①今天的气温比昨天低了 10 度。 ②明天早上的气温大概会低于 0 度。 ① 오늘의 기온은 어제와 비교해서 마이너스 10 도였다. ② 내일 아침 기온은 마이너스가 될 것이다.

👉 ①减去 ②负数 / ① 숫자를 빼다 / 덜어내다 ② 수학 용어 음수

👉 当温度低于 0 度时可以用“マイナス”，但是当温度高于 0 度时不能用“プラス”。 / 영하의 경우에만 " マイナス " 라고 말한다. 0 도 보다 높을 때는 " プラス " 라고 말하지 않는다.

1028 □ 動	凍る（こおる） 冻，结冰 얼다	道が凍っていて、とても危ない。 道路结冰了，非常危险。 길이 얼어 있어 매우 위험하다.
1029 □ 名	氷（こおり） 冰 얼음	夏、冷凍庫で氷を作っておく。 夏天，我会用冰箱把冰块做好。 여름에는 냉동고에 얼음을 만들어둔다.

1030 □ 動

冷える（ひ）

天気予報によると、夕方から冷えるらしい。
（てんきよほう／ゆうがた／ひ）

变冷
차가워지다 / 쌀쌀해지다

天气预报说，傍晚开始会变冷。
일기예보에 따르면 저녁부터 쌀쌀해지는 것 같다.

1031 □ 副

けっこう

今週、けっこう寒い日が続いている。
（こんしゅう／さむ／ひ／つづ）

相当
꽤

这周连续几天都相当冷。
이번 주, 꽤 추운 날이 계속되고 있다.

1032 □ ナ形

非常な（ひじょう）

今年の夏は、非常に暑くなりそうだ。
（ことし／なつ／ひじょう／あつ）

非常
매우

看来今年夏天会变得非常热。
올여름은 매우 더워질 것 같다.

1033 □ 名

夏日（なつび）

今日は、今年初めての夏日になった。
（きょう／ことしはじ／なつび）

夏日
더운 여름날

今天，今年第一次最高气温超过了 25 度。
오늘은 올해 첫 여름 날씨가 되었다.

日最高气温高于 25 度的日子 / 1 일 최고 기온이 25℃ 이상인 날

1034 □ 名

真夏日（まなつび）

今年は、真夏日が多いそうだ。
（ことし／まなつび／おお）

暑日
한여름 날

据说今年夏天，气温经常会超过 30 度。
올해는 한여름 날이 많다고 한다.

日最高气温高于 30 度的日子 / 1 일 최고 기온이 30℃ 이상인 날

1035 □ 名

猛暑日（もうしょび）

猛暑日が続いているので、体に気をつけている。
（もうしょび／つづ／からだ／き）

猛暑日
혹서 (몹시 심한 더위)

接连几天都是猛暑，所以我小心地照顾着自己。
몹시 심한 더위가 이어지고 있기 때문에 몸을 조심하고 있다.

日最高气温高于 35 度的日子 / 1 일 최고 기온이 35℃ 이상인 날

1036 □ 名

冬日（ふゆび）

冬日には、手袋もマフラーも必要だ。
（ふゆび／てぶくろ／ひつよう）

冬日
겨울날

寒冷的日子里，手套、围巾都要戴。
겨울날에는 장갑도 머플러도 필요하다.

日最低气温低于 0 度的日子 / 1 일 최저 기온이 0℃를 밑도는 날

1037 □ 名

真冬日（まふゆび）

東京で、真冬日はとても珍しい。
（とうきょう／まふゆび／めずら）

深冬日
한겨울 날

东京的最高气温很难得会低于 0 度。
도쿄에서 한겨울 날씨는 매우 드물다.

日最高气温低于 0 度的日子 / 1 일 최고 기온이 0℃를 밑도는 날

1038	暖冬 (だんとう)	今年(ことし)は暖冬(だんとう)で、雪(ゆき)が少(すく)ない。
名	暖冬 따뜻한 겨울	今年是暖冬，雪下得少。 올해는 따뜻한 겨울이라 눈이 적다.
1039	冷夏 (れいか)	冷夏(れいか)になると、海(うみ)に行(い)く人(ひと)が減(へ)る。
名	冷夏 냉하 (여름철의 이상 저온)	如果是冷夏，去海边的人就会减少。 냉하가 되면 바다에 가는 사람이 줄어든다.
1040	せっかく	せっかくの休(やす)みなのに、天気(てんき)が悪(わる)くて寒(さむ)い。
副	难得 모처럼	难得休息一下，天气却很糟糕，还冷。 모처럼의 휴일인데 날씨가 나쁘고 춥다.

Section 4

どう変わる？

怎么变化？ / 어떻게 바뀔까？

1041 □ 名	状態（じょうたい）	大雨で、この川は危険な状態だ。
	状态，情况 / 상태	因为大雨，这条河的情况很危险。 폭우로 이 강은 위험한 상태다.

➕ 経済状態（けいざいじょうたい） 经济状况 / 경제 상태・心理状態（しんりじょうたい） 心理状态 / 심리 상태

1042 □ 名	変化（へんか）〈する〉	旅行中、天気の変化がとても気になる。
	变化 / 변화 <하다>	旅行期间，我很担心天气变化。 여행 중 날씨 변화가 매우 신경 쓰인다.

1043 □ 名	一定（いってい）〈する〉	最近、気温が一定している。
	固定；一定 / 일정 <하다>	最近的气温比较稳定。 최근은 기온이 일정하다.

1044 □ 名	観察（かんさつ）〈する〉	弟は、雲の形を観察している。
	观察 / 관찰 <하다>	弟弟正在观察云的形状。 동생은 구름의 형태를 관찰하고 있다.

1045 □ 副	次第に（しだいに）	今日の夜から、次第に天気が悪くなるらしい。
	逐渐 / 점차	据说从今晚开始，天气会渐渐变差。 오늘 밤부터 점차 날씨가 나빠지는 것 같다.

1046 □ 副	じょじょに	朝から、気温がじょじょに上がってきた。
	徐徐 / 서서히	从早上开始，气温慢慢地升高了。 아침부터 기온이 서서히 올라갔다.

1047 □ 副	だんだん［と］	空がだんだん暗くなってきた。
	渐渐 / 점점 / 차차	天色渐渐变暗了。 하늘이 점점 어두워져왔다.

1048 □ 副	ますます	今週になって、ますます暑くなってきた。(こんしゅう / あつ)
	越发 점점 / 더욱더	这周越来越热了。 이번 주에 들어와서 점점 더워졌다.
1049 □ 副	すっかり	最近、暖かい日が多い。すっかり春だ。(さいきん / あたた / ひ / おお / はる)
	完全，都 완전히	最近好多天都很暖和。春天已经到了。 최근에 따뜻한 날이 많다. 완전히 봄이다.
1050 □ 副	一気に (いっき)	１２月になって、一気に寒くなった。(じゅうにがつ / いっき / さむ)
	一下子 단번에	到了 12 月，一下子变冷了。 12 월이 돼서 단번에 추워졌다.
1051 □ 副	一度に (いちど)	今日は、夏と冬が一度に来たようだった。(きょう / なつ / ふゆ / いちど / き)
	同时；一块儿 한 번에 / 한꺼번에	感觉今天这一天，夏天和冬天一块儿来了。 오늘은 여름과 겨울이 한꺼번에 온 것 같았다.
1052 □ 副	いっぺんに	２つの台風がいっぺんに来た。(ふた / たいふう / き)
	一次；同时 한꺼번에	同时来了两个台风。 2 개의 태풍이 한꺼번에 왔다.
1053 □ 副	いつの間にか (ま)	雪がいつの間にか止んでいた。(ゆき / ま / や)
	不知不觉 어느새	不知道什么时候，雪停了。 눈이 어느새 그쳤다.
1054 □ 名	温暖化 (おんだんか)	世界中で、温暖化が進んでいるようだ。(せかいじゅう / おんだんか / すす)
	全球气候变暖 온난화	全球气候变暖似乎正在加剧。 온 세계에서 온난화가 진행되고 있는 것 같다.
1055 □ 名	えいきょう〈する〉	温暖化は、いろいろなえいきょうを与えている。(おんだんか / あた)
	影响 영향을 미치다	全球气候变暖造成了各种各样的影响。 온난화는 여러 가지 영향을 미치고 있다.
1056 □ ナ形	変な (へん)	最近ずっと、変な天気が続いている。(さいきん / へん / てんき / つづ)
	奇怪 이상한	最近的天气一直很奇怪。 최근 계속 이상한 날씨가 이어지고 있다.

Section 5

日本の1年
にほん　ねん

日本的一年 / 일본의 1 년

1057 □ 名	祝日（しゅくじつ） 节日 공휴일	日本の祝日を、カレンダーで確認する。 我在日历上查看日本的节日。 일본의 공휴일을 달력에서 확인한다.

= 祭日（さいじつ）

1058 □ 名	年末年始（ねんまつねんし） 年末年初 연말연시	年末年始に海外旅行をする人が多い。 年底年初出国旅行的人很多。 연말연시에 해외여행을 하는 사람들이 많다.
1059 □ 名	元日（がんじつ） 元旦 설날	元日に友だちと神社に行った。 元旦，我和朋友去神社了。 설날에 친구와 신사에 갔다.

＋ 元旦（がんたん） 元旦的清晨 / 설날

“元旦”是“元日 ”的早晨 / 元旦은 설날 아침

1060 □ 動	迎える（むかえる） 迎接 맞이하다	来年は、富士山で新年を迎えたい。 我希望明年在富士山迎接新年。 내년은 후지산에서 새해를 맞이하고 싶다.
1061 □ 名	年賀状（ねんがじょう） 贺年卡 연하장	年賀状が届くのを楽しみにしている。 我期待收到贺年卡。 연하장이 도착하는 것을 기대하고 있다.
1062 □ 名	お年玉（おとしだま） 压岁钱 세뱃돈	就職してから、親にお年玉をあげている。 工作之后，我一直给爸妈发新年红包。 취업 후 부모에게 세뱃돈을 드리고 있다.
1063 □ 名	成人の日（せいじんのひ） 成人节 성년의 날	成人の日に、二十歳の若者が会場に集まった。 成人节那天，20岁的年轻人聚集在会场。 성년의 날에 스무 살이 된 젊은이가 대회장에 모였다.

➕ 成人式(せいじんしき) 成人仪式 / 성인식

👉 每年 1 月第 2 个周一 / 1 월 둘째 월요일

1064 □ 名

ひな祭り(まつ)

女儿节
히나 마츠리

ひな祭り(まつ)は女(おんな)の子(こ)のお祝(いわ)いだ。

女儿节是女孩子们的节日。
히나 마츠리는 여자 아이의 축제이다.

➕ ひな人形(にんぎょう) 女儿节时陈列的人偶 / 인형

👉 每年 3 月 3 日 / 3 월 3 일

1065 □ 名

ゴールデンウイーク

黄金周
골든 위크

4月(がつ)下旬(げじゅん)から5月(がつ)の初(はじ)めに、ゴールデンウイークという連休(れんきゅう)がある。

从 4 月下旬到 5 月初有一个连休，那是黄金周。
4 월 하순부터 5 월 초에 골든 위크라는 연휴가 있다.

👉 常写作“GW” / "GW" 로 표기된다

1066 □ 名

子(こ)どもの日(ひ)

儿童节
어린이날

子(こ)どもの日(ひ)に、家族(かぞく)で遊園地(ゆうえんち)に行(い)くつもりだ。

儿童节那天，我们家打算去游乐园。
어린이날에 가족끼리 유원지에 갈 예정이다.

👉 每年 5 月 5 日 / 5 월 5 일

1067 □ 名

母(はは)の日(ひ)

母亲节
어머니의 날

今年(ことし)の母(はは)の日(ひ)に、スカーフをプレゼントした。

今年母亲节，我送了妈妈一条围巾。
올해 어머니날에 스카프를 선물했다.

👉 每年 5 月第 2 个周日 / 5 월의 둘째 일요일

1068 □ 名

父(ちち)の日(ひ)

父亲节
아버지의 날

父(ちち)の日(ひ)には、ネクタイを贈(おく)ることにしている。

父亲节我一般送领带。
아버지의 날은 넥타이를 선물보내는 것으로 정했다.

👉 每年 6 月第 3 个周日 / 6 월의 셋째 일요일

1069 □ 名

海(うみ)の日(ひ)

海之日
바다의 날

去年(きょねん)の海(うみ)の日(ひ)は、朝(あさ)から大雨(おおあめ)だった。

去年海之日那天，早上就开始下大雨了。
지난 해의 바다의 날은 아침부터 폭우였다.

➕ 山(やま)の日(ひ) 山之日（每年 8 月 11 日）/ 산의 날 (8 월 11 일)

👉 每年 7 月第 3 个周一 / 7 월의 셋째 월요일

1070 □ 名	敬老の日 (けいろうのひ)	デパートで、敬老の日のための贈り物を探した。
	敬老节 경로의 날	我在百货商店找敬老节的礼物。 백화점에서 경로의 날을 위한 선물을 찾았다.

每年 9 月第 3 个周一 / 9 월의 셋째 월요일

1071 □ 名	体育の日 (たいいくのひ)	体育の日は、学校で運動会が開かれる。
	体育节 체육의 날	体育节那天，学校会召开运动会。 체육의 날은 학교에서 운동회가 열린다.

每年 10 月第 2 个周一 / 10 월의 둘째 월요일

1072 □ 副	もともと	体育の日は、もともと10月10日だった。
	本来 원래	体育节以前是 10 月 10 日。 체육의 날은 원래 10 월 10 일이었다.

1073 □ 名	七五三 (しちごさん)	七五三のお祝いに、神社で記念写真を撮る。
	七五三 시치고산 (세 살 다섯 살 일곱 살을 축하하는 일본의 풍습)	为了庆祝七五三，我们在神社拍照留念。 시치고산의 축하 기념으로, 신사에서 기념사진을 찍는다.

每年 11 月 15 日 / 11 월 15 일

1074 □ 名	大みそか (おおみそか)	日本では大みそかに、そばを食べる習慣がある。
	除夕 섣달 그믐날	在日本，除夕那一天有吃荞麦面的习惯。 일본에서는 섣달 그믐날에 메밀 국수를 먹는 습관이 있다.

これも覚えよう！❸

- **最〜（さい）** 和其他汉字组成形容词，表示程度达到最大。
  イ형용사와 함께 " 이것 이상 없는 , 최고~ " 라는 의미를 만든다 .

例）
最大（さいだい）	最大 / 최대	最小（さいしょう）	最小 / 최소
最多（さいた）	最多 / 최다	最少（さいしょう）	最少 / 최소
最高（さいこう）	最高，最好 / 최고	最低（さいてい）	最低，最差 / 최저
最良（さいりょう）・最善（さいぜん）	最佳，最优 / 최상의 · 최선	最悪（さいあく）	最差 / 최악
最新（さいしん）	最新 / 최신		

- **〜的（てき）** "N+ 的" 组成 na 形容词，表示 "像〜一样"。
  "N +的 " 로 " ~와 같은 " 이라는 뜻의 ナ형용사를 만든다 .

例）
印象的（いんしょうてき）	印象深刻的 / 인상적	一般的（いっぱんてき）	一般的 / 일반적
意識的（いしきてき）	有意识的 / 의식적	具体的（ぐたいてき）	具体的 / 구체적
計画的（けいかくてき）	有计划的 / 계획적	現実的（げんじつてき）	现实的 / 현실적
個人的（こじんてき）	私人的 / 개인적	自動的（じどうてき）	自动的 / 자동적
社会的（しゃかいてき）	社会性 / 사회적	世界的（せかいてき）	全球性 / 세계적
全国的（ぜんこくてき）	全国性 / 전국적	理想的（りそうてき）	理想的 / 이상적

- **〜化（か）** "N+ 化" 表示 "变成 N"。
  "N +化〈する〉" 로 , 변화해서 N 이 된다는 뜻 .

例）
国際化（こくさいか）	国际化 / 국제화
デジタル化（か）	数字化 / 디지털화
高齢化（こうれいか）	老龄化 / 고령화
少子化（しょうしか）	少子化 / 저출산화
一般化（いっぱんか）	一般化 / 일반화
自由化（じゆうか）	自由化 / 자유화

N3

Chapter 10

ニュースで学(まな)ぼう！

看新闻学习

뉴스에서 배우자

Section 1

マスコミ

媒体 / 매스컴

1075 □ 動	伝わる（つた）	インターネットで、世界（せかい）にニュースが伝わる（つた）。
	传；传播 전해지다	通过网络，新闻传遍全世界。 인터넷으로 세계에 뉴스가 전해진다.

➕ （～を）伝える（つた） 传达；传播 / (~을) 전하다

1076 □ 名	うわさ〈する〉	悪い（わる）うわさは、あっという間（ま）に伝わる（つた）。
	谈论；传闻 소문 / 남의 말을 하다	负面传闻瞬间传开。 나쁜 소문은 순식간에 전해진다.
1077 □ 名	記事（きじ）	新聞（しんぶん）で、興味（きょうみ）のある記事（きじ）だけを読ん（よ）でいる。
	新闻，报道 기사	我只看报纸上我感兴趣的报道。 신문에서 관심 있는 기사만 읽고 있다.
1078 □ 名	週刊誌（しゅうかんし）	この週刊誌（しゅうかんし）は、経済（けいざい）の専門雑誌（せんもんざっし）だ。
	周刊杂志 주간지	这份周刊是经济方面的专业杂志。 이 주간지는 경제 전문 잡지다.

➕ 月刊誌（げっかんし） 月刊 / 월간지

1079 □ 名	政治家（せいじか）	政治家（せいじか）のインタビュー記事（きじ）を読む（よ）。
	政治家 정치가	阅读政治家的访谈报道。 정치가의 인터뷰 기사를 읽는다.
1080 □ 名	政府（せいふ）	政府（せいふ）から大切（たいせつ）な発表（はっぴょう）があった。
	政府 정부	政府发布了一件重要的事情。 정부에서 중요한 발표가 있었다.
1081 □ 名	市民（しみん）	広場（ひろば）に多く（おお）の市民（しみん）が集まっ（あつ）た。
	市民 시민	广场上聚集了众多市民。 광장에 많은 시민이 모였다.

➕ 国民（こくみん） 国民 / 국민

1082 □ 名	立場 たちば	あの政治家は、国民の立場で話をする。
	立场 입장	那位政治家站在国民的立场上说话。 그 정치인은 국민의 입장에서 이야기를 한다.
1083 □ 名	世の中 よのなか	みんなが暮らしやすい世の中になってほしい。
	世间，社会 세상	我希望这个社会变成一个人人都生活舒适的社会。 모두가 살기 좋은 세상이 되길 바란다.

= 社会 しゃかい

1084 □ ナ形	重大な じゅうだい	車の会社が重大な発表をした。
	重大 중대한 / 중대하다	汽车公司发布了重大消息。 자동차 회사가 중대한 발표를 했다.
1085 □ ナ形	重要な じゅうよう	今日は重要なニュースが多かった。
	重要 중요한 / 중요하다	今天的重要新闻很多。 오늘은 중요한 뉴스가 많았다.
1086 □ 副	大して たい	この番組は、日本語の勉強に大して役に立たない。
	并不太……，没有什么…… 그다지	这个节目对学日语起不了什么作用。 이 방송 프로그램은 일본어 공부에 그다지 도움이 되지 않는다.

＋ 大したことがない 没什么大不了的 / 별거 아니다 / 대단하지 않다

1087 □ イ形	くだらない	くだらない番組を、つい見てしまう。
	没意思，无聊 시시하다 / 하찮다 / 쓸모없다	我总是不知不觉地看一些无聊的节目。 시시한 방송 프로그램을 나도 모르게 봐 버렸다.
1088 □ 名	司会者 しかいしゃ	春から、番組の司会者がかわった。
	主持人 사회자	从春天开始，节目的主持人换了。 봄부터 방송 프로그램의 사회자가 바뀌었다.

＋ 司会〈する〉 主持 / 사회 <보다>

1089 □ 名

生放送（なまほうそう）

直播
생방송

生放送の途中で、何か問題が起きたらしい。

直播过程中似乎发生了什么问题。
생방송 도중에 문제가 발생한 것 같다.

＝ ライブ　＋ 再放送（さいほうそう） 重播 / 재방송

1090 □ 名

商品（しょうひん）

商品
상품

この商品は、とても売れている。

这个商品卖得非常好。
이 상품은 매우 잘 팔리고 있다.

＋ 新商品（しんしょうひん） 新商品 / 신상품

1091 □ 名

発売〈する〉（はつばい）

发售
발매 <하다>

明日、新しいゲームが発売される。

明天，一款新游戏将开始发售。
내일 새로운 게임이 발매된다.

＋ 新発売（しんはつばい） 新品上市 / 신발매

1092 □ 名

評判（ひょうばん）

评价，声誉
평판

新しく出版された雑誌は、評判がいい。

新出版的杂志得到了好评。
새로 출판된 잡지는 평판이 좋다.

1093 □ 名

注目〈する〉（ちゅうもく）

关注
주목 <하다>

世界中の人が、その女優に注目している。

世界各地的人们都在关注着那名女演员。
전 세계의 사람들이 그 여배우를 주목하고 있다.

1094 □ 名

ヒット〈する〉

大受欢迎
히트 <하다>

今一番ヒットしている曲をダウンロードした。

我下载了现在最受欢迎的歌曲。
지금 가장 히트 치고 있는 곡을 다운로드했다.

＋ ヒット曲（きょく） 大受欢迎的歌曲 / 히트곡・ヒット作（さく） 大受欢迎的作品 / 히트작・ヒット商品（しょうひん） 大受欢迎的商品 / 히트 상품

1095 □ 副

やっぱり

果然
역시

A「あの二人は結婚するそうですね。」
B「やっぱり二人は付き合っていたんですね。」

A：听说他们俩要结婚了。
B：他们俩果然在交往啊。
A "그 두 사람은 결혼한다고 하네요."
B "역시 두 사람은 사귀고 있었네요."

＝ やはり（书面语 / 문장어 (글말)）

在对话中，只说“やっぱり”一词就可以表示某事的发生正如说话人所料。
대화에서 생각했던 대로 였다고 말하고 싶을 때 " やっぱり " 라고만 말하는 경우도 있다 .

1096 まさか	A「あの番組（ばんぐみ）の司会者（しかいしゃ）が、昨日（きのう）入院（にゅういん）したって。」 B「まさか。あんなに元気（げんき）だったのに。」
副 **怎么会** **설마**	A：听说那个节目的主持人昨天住院了。 B：怎么会？之前明明还那么精神的。 A " 그 프로그램의 사회자가 어제 입원했대요 . " B " 설마 그렇게 건강했던 사람이…."

在对话中，只说“まさか”一词就可以表示说话人不敢相信所发生的事情。
대화에서 믿을 수 없다고 말하고 싶은 경우 " まさか " 라고만 말하는 경우도 있다 .

1097 やっと	A国（エーこく）とB国（ビーこく）の問題（もんだい）が、やっと解決（かいけつ）された。
副 **好（不）容易，终于** **겨우 / 근근이 / 가까스로 / 간신히**	A 国和 B 国的问题终于解决了。 A 국과 B 국의 문제가 가까스로 해결됐다 .
1098 結局（けっきょく）	結局（けっきょく）、この記事（きじ）はうそだった。
副 **最后，结果；到底** **결국**	结果，这篇报道是假的。 결국 , 이 기사는 거짓말이었다 .

Section 2

事件（じけん）

事件 / 사건

1099 □ イ形	怪しい（あや）	怪しい人を見たら、警察に連絡してください。
	可疑 수상한 / 수상하다	如果发现可疑人员，请与警察联系。 수상한 사람을 보면 경찰에 연락하십시오.
1100 □ イ形	恐ろしい（おそ）	最近は、恐ろしい事件が多い。
	可怕 끔찍한 / 끔찍하다 / 무서운 / 무섭다	最近发生了许多可怕的事情。 최근에는 끔찍한 사건이 많다.
1101 □ 動	暴れる（あば）	この近くで、男が暴れていたらしい。
	乱闹；横冲直撞 난폭하게 굴다	听说这附近曾经有一个男人闹过事。 이 근처에서 남자가 난폭하게 굴었던 것 같다.

➕ 暴力（ぼうりょく） 暴力 / 폭력

1102 □ 動	争う（あらそ）	夜中に、男性と女性が争う声が聞こえた。
	争论 다투다	深夜，我听到了一男一女争吵的声音。 한밤중에 남자와 여자가 다투는 소리가 들렸다.

➕ 争い（あらそ） 争论 / 다툼 / 싸움・言い争い（い あらそ） 口角，争吵 / 말다툼

1103 □ 名	犯罪（はんざい）	あの町は犯罪が多い。
	犯罪 범죄	那个街区犯罪多发。 그 거리는 범죄가 많다.
1104 □ 名	発見者（はっけんしゃ）	警察は、怪しいかばんの発見者に話を聞いている。
	发现人 발견자	警察正在询问那个发现了可疑皮包的人。 경찰은 수상한 가방의 발견자에게 이야기를 듣고 있다.
1105 □ 動	疑う（うたが）	警察に、第一発見者が疑われているようだ。
	怀疑 의심하다 / 혐의를 두다	警察似乎在怀疑第一个发现的人。 첫 발견자가 경찰에게 의심받고 있는 것 같다.

➕ 疑い（うたが） 怀疑；嫌疑 / 의심

1106 □ 名

うそつき

だれも彼(かれ)をうそつきとは思(おも)わなかった。

说谎，爱撒谎的人
거짓말쟁이

谁都没想到他是一个骗子。
누구도 그를 거짓말쟁이라고 생각하지 않았다.

1107 □ 名

犯人(はんにん)

犯人(はんにん)は、二十歳(はたち)くらいの男(おとこ)らしい。

犯人
범인

据说罪犯是一个 20 岁左右的男子。
범인은 스무 살 정도의 남자인 듯하다.

1108 □ 名 ナ形

いたずら〈な／する〉

子(こ)どものいたずらが、大(おお)きな事件(じけん)になった。(名)
いたずらな子(こ)どもが、線路(せんろ)に石(いし)を置(お)いた。(ナ形)

淘气，恶作剧
장난치다

小孩子的恶作剧酿成了重大事故。
淘气的小孩子把石头放在了铁轨上。
어린이의 장난이 큰 사건이 되었다.
장난꾸러기 아이가 선로에 돌을 놓았다.

1109 □ 動

さけぶ

外(そと)で女性(じょせい)が大(おお)きな声(こえ)でさけんでいる。

喊，大声叫
외치다

外面有一个女人在大声地叫喊着。
밖에서 여성이 큰 소리로 외치고 있다.

➕ さけび声(ごえ) 喊叫声 / 비명 소리

1110 □ 動

たたく

だれかがドアをたたいている。

打，敲，拍
두드리다

有人在拍门。
누군가가 문을 두드리고 있다.

➕ ぶつ 打 / 마구 때리다 / 치다

1111 □ 動

盗(ぬす)む

泥棒(どろぼう)に指輪(ゆびわ)を盗(ぬす)まれた。

偷，盗窃
훔치다

戒指被小偷偷了。
도둑이 반지를 훔쳤다.

1112 □ 動

うばう

道(みち)を歩(ある)いていて、ハンドバッグをうばわれた。

抢，夺去
빼앗다

我走在路上，手提包被人抢了。
길을 걷다가 핸드백을 빼앗겼다.

1113 □ 動

捜(さが)す

警察(けいさつ)が犯人(はんにん)を捜(さが)している。

搜查，寻找
찾다

警察在搜查罪犯。
경찰이 범인을 찾고 있다.

1114 □	追う（お）	警察が犯人を追っている。（けいさつ はんにん お）
動	追，追赶 쫓다	警察在追罪犯。 경찰이 범인을 쫓고 있다.
1115 □	捕まえる（つか）	警察が犯人をやっと捕まえた。（けいさつ はんにん つか）
動	抓住；捕捉 잡다	警察终于把罪犯抓住了。 경찰이 범인을 간신히 잡았다.
1116 □	捕まる（つか）	家の近くで、犯人が捕まった。（いえ ちか はんにん つか）
動	被逮住；抓住 잡히다 / 붙잡히다	那个罪犯在我家附近被逮住了。 집 근처에서 범인이 붙잡혔다.
1117 □	逮捕〈する〉（たいほ）	犯人が逮捕されて、市民は安心した。（はんにん たいほ しみん あんしん）
名	逮捕 체포 <하다>	罪犯被捕，市民就放心了。 범인이 체포되어 시민은 안심했다.
1118 □	気味が悪い（きみ わる）	知らない人から電話がかかってきて、気味が悪い。（し ひと でんわ きみ わる）
イ形	令人不快，可怕 기분 / 기색 / 기미가 나쁘다	我接到了陌生人的电话，心情不快。 모르는 사람으로부터 전화가 걸려와서 기분이 나쁘다.
1119 □	パトカー	昨日、深夜までパトカーの音が聞こえた。（きのう しんや おと き）
名	警车，巡逻车 순찰차	昨天，警车的声音一直响到深夜。 어제 심야까지 순찰차 소리가 들렸다.

➕ 救急車（きゅうきゅうしゃ） 救护车 / 구급차

Section 3

気(き)をつけよう！

小心！/ 조심하자！

No.	単語	例文
1120 □ 動	（事故(じこ)に）あう	子(こ)どものころ、交通事故(こうつうじこ)にあったことがある。
	遭遇，碰上（事故） **（사고）당하다**	小时候，我曾经遇到过交通事故。 어렸을 때 교통사고를 당한 적이 있다.

表示这个意思时，汉字写作“遭う”/ "あう" 의 한자는 "遭う"

No.	単語	例文
1121 □ 名	発生(はっせい)〈する〉	あの交差点(こうさてん)では、毎日事故(まいにちじこ)が発生(はっせい)している。
	发生 **발생 <하다>**	那个十字路口，每天都会发生事故。 그 교차로에서는 매일 교통사고가 발생하고 있다.
1122 □ 名	命(いのち)	命(いのち)は何(なに)よりも大切(たいせつ)だ。
	生命 **생명**	生命重于一切。 생명은 무엇보다 중요하다.
1123 □ 動	救(すく)う	知(し)らない人(ひと)に、命(いのち)を救(すく)ってもらった。
	救 **살리다**	一个陌生人救了我的命。 모르는 사람이 생명을 구해주었다.
1124 □ イ形	そうぞうしい	信号(しんごう)の近(ちか)くが、ずいぶんそうぞうしい。
	吵闹，嘈杂 **시끄럽다 / 떠들썩하다**	红绿灯附近非常嘈杂。 신호등 근처가 꽤 시끄럽다.

＝ さわがしい

No.	単語	例文
1125 □ 動	さわぐ	交差点(こうさてん)でさわいでいる人(ひと)がいる。
	吵闹 **시끄럽게 소리를 내다 / 소동을 일으키다**	有人正在十字路口吵闹。 교차로에서 시끄럽게 소리를 내는 사람이 있다.

1126 現場（げんば） 名

大きな音がしたので、現場に行ってみた。

现场 / 현장

我听到了一声巨响，就去现场看了看。
큰 소리가 났기 때문에 현장에 가 보았다.

➕ 事故現場（じこげんば） 事故现场 / 사고 현장・事件現場（じけんげんば） 事件现场 / 사건 현장・工事現場（こうじげんば） 施工现场 / 공사 현장

1127 混乱〈する〉（こんらん） 名

現場は、警察と多くの人で混乱している。

混乱 / 혼란 <하다>

现场有警察，人好多，很混乱。
현장은 경찰과 많은 사람으로 혼란했다.

1128 パニック 名

大きな事故の現場を見て、パニックになった。

恐慌 / 패닉(혼란 상태)

我看到重大事故的现场，陷入了恐慌。
큰 사고 현장을 보고 패닉상태에 빠졌다.

1129 無事〈な〉（ぶじ） 名 ナ形

事故にあった人の無事が確認された。(名)
いなくなった男の子が、無事に発見された。(ナ形)

平安无事；安全 / 무사한 / 무사하다

经确认，遇到事故的人平安无事。
失踪男孩安然无恙地被找到了。
사고를 당한 사람이 무사하다는 사실이 확인되었다.
사라졌던 소년이 무사히 발견됐다.

1130 防ぐ（ふせぐ） 動

警察は、犯罪を防ぐことができなかった。

防止，防御 / 막다 / 방지하다

警察没能防止犯罪的发生。
경찰은 범죄를 막을 수 없었다.

1131 再び（ふたたび） 副

ひどい事故が再び起きてしまった。

再，又 / 다시

又一次发生了严重的事故。
끔찍한 사고가 다시 발생했다.

1132 わざと 副

運転手は、わざと事故を起こしたのかもしれない。

故意地 / 일부러

可能是司机故意引发了事故。
운전자는 일부러 사고를 냈는지도 모른다.

1133 被害者（ひがいしゃ） 名

事故の被害者は、大けがをしたらしい。

受害人 / 피해자

听说事故受害人受伤严重。
사고의 피해자는 큰 부상을 입은 것 같다.

↔ 加害者(かがいしゃ)　＋ 被害(ひがい) 受害，受灾 / 피해

1134 □ [お] 互(たが)いに
副 互相 / 서로
自転車(じてんしゃ)に乗(の)っている人(ひと)も、歩(ある)いている人(ひと)もお互(たが)いに注意(ちゅうい)が必要(ひつよう)だ。
无论是骑自行车的人还是走路的人，都要互相注意。
자전거를 타고 있는 사람도 걷는 사람도 서로 주의가 필요하다.

1135 □ 疑問(ぎもん)
名 疑问 / 의문
この事故(じこ)には、いくつかの疑問(ぎもん)がある。
这起事故有几个疑问。
이 사고는 몇 가지 의문이 있다.

1136 □ 飛(と)び込(こ)む
動 跳入 / 뛰어들다
準備運動(じゅんびうんどう)をしないで、海(うみ)に飛(と)び込(こ)んではいけない。
没做准备活动就不能跳入海里。
준비 운동을 하지 않고 바다에 뛰어들면 안된다.

1137 □ おぼれる
動 溺水，淹死 / 물에 빠지다 / 익사하다
一人(ひとり)の男性(だんせい)が、お酒(さけ)を飲(の)んで泳(およ)いでおぼれた。
一名男子酒后游泳，溺水了。
한 남자가 술을 마시고 수영하다 물에 빠졌다.

1138 □ 飛(と)び出(だ)す
動 跑出去 / 뛰어나오다 / 뛰어나가다
子(こ)どもが道(みち)に、飛(と)び出(だ)さないようにしてください。
不要让孩子们跑到马路上。
어린이가 길에 뛰어나오지 않도록 하십시오.

＋ 飛(と)び出(だ)し注意(ちゅうい) 注意有人或动物突然蹿出 / 갑자기 뛰어나오는 어린이 주의

1139 □ 行方不明(ゆくえふめい)
名 失踪，下落不明 / 행방불명
山(やま)で、3人(にん)の男女(だんじょ)が行方不明(ゆくえふめい)になっている。
男女共 3 人在山上失踪了。
산에서 세 남녀가 행방불명이 되었다.

1140 □ 亡(な)くなる
動 去世 / 돌아가시다 / 사망하다
毎年(まいとし)、登山中(とざんちゅう)に亡(な)くなる人(ひと)がいる。
每年都有人在登山途中死亡。
매년 등산 중에 사망하는 사람이 있다.

1141 □

偶然
ぐうぜん

名 副

偶然
우연 / 우연하다 / 우연히

それは偶然(ぐうぜん)の事故(じこ)だった。(名)
高校(こうこう)の友(とも)だちに偶然(ぐうぜん)会(あ)った。(副)

那是一起偶然的事故。
我偶然遇见了高中时的朋友。
그것은 우연한 사고였다.
고등학교 친구를 우연히 만났다.

トラブル

遇上麻烦 / 트러블

	見出し語	例文
1142 □ 名	苦情（くじょう）	近所（きんじょ）から苦情（くじょう）があったので、謝（あやま）った。
	抱怨，(不满的) 意见 불만 / 항의	因为邻居提意见了，所以我道了歉。 인근 주민으로부터 항의가 있어서 사과했다.

＝ クレーム

	見出し語	例文
1143 □ イ形	あわただしい	ゆうべ社長（しゃちょう）が亡（な）くなり、今日（きょう）は一日（いちにち）あわただしい。
	慌张，匆忙 분주하다	昨晚总经理去世了，今天一整天都很慌乱。 어젯밤 사장님 돌아가셔서 오늘 하루 경황이 없다.
1144 □ 動	あわてる	バッグの中（なか）に財布（さいふ）が見（み）つからず、あわてた。
	惊慌 당황하다	我在包里找不到钱包，慌了。 가방 속에 넣어둔 지갑을 찾지 못해 당황했다.
1145 □ 副	いきなり	アパートの前（まえ）で、いきなり名前（なまえ）を呼（よ）ばれた。
	突然，冷不防 갑자기	在公寓前面，突然有人叫我的名字。 아파트 앞에서 갑자기 누가 내 이름을 불렀다.
1146 □ 名	いじめ	いじめは社会（しゃかい）の問題（もんだい）だ。
	凌辱，欺负 왕따	欺凌弱小是一个社会问题。 왕따는 사회의 문제다.
1147 □ 動	いじめる	友（とも）だちをいじめるなんて、最低（さいてい）だ。
	欺负，虐待 못살게 굴다 / 괴롭히다	居然欺负自己的朋友，真差劲。 친구를 괴롭히는 건 최저의 행위다.
1148 □ 名	迷子（まいご）	日本（にほん）へ来（き）たころ、よく迷子（まいご）になった。
	迷路 미아 / 길을 잃다	刚来日本时，我常常迷路。 일본에 처음 왔을 때 자주 길을 잃었다.

1149 □ 名	場合（ばあい）	迷子（まいご）になった場合（ばあい）は、交番（こうばん）で聞（き）いてください。
	情况，时候 경우	迷路的时候，请询问警察岗亭。 길을 잃어 버렸을 경우에는 파출소에서 길을 물으세요.
1150 □ 動	落（お）とす	駅（えき）で定期券（ていきけん）を落（お）としたが、戻（もど）ってきた。
	使落下；丢掉 떨어뜨리다	我在车站弄丢的月票找回来了。 역에서 정기권을 떨어뜨렸지만, 정기권이 돌아왔다.

➕（～が）落（お）ちる 落下 / (~ 이) 떨어지다

1151 □ 動	なくす	大切（たいせつ）な書類（しょるい）をなくして、部長（ぶちょう）にひどく叱（しか）られた。
	丢失 분실하다	我把重要文件弄丢了，被部长狠狠地骂了一顿。 중요한 서류를 분실해서 부장님한테 몹시 꾸중을 들었다.

➕（～が）なくなる 丢失；尽，完 / (~ 이) 없어지다

1152 □ 名	借金（しゃっきん）〈する〉	親（おや）に借金（しゃっきん）をしたが、まだ半分（はんぶん）も返（かえ）していない。
	借钱，欠债 돈을 빌리다 / 빚을 지다 / 채무 <하다>	我向父母借了钱，但还没还够一半。 부모에게 빚을 졌지만 아직 절반도 갚지 않았다.
1153 □ イ形	ずるい	彼（かれ）はずるい人（ひと）だから、信（しん）じないほうがいい。
	狡猾 교활한 / 교활하다	他很狡猾，最好别信他。 그는 교활한 사람이니까 믿지 않는 것이 좋다.
1154 □ 動	倒（たお）れる	①地震（じしん）でビルが倒（たお）れた。 ②仕事（しごと）のしすぎで、倒（たお）れてしまった。
	倒，塌；病倒 무너지다 / 쓰러지다	①因为地震，大楼倒塌了。 ②工作太过操劳，病倒了。 ① 지진으로 건물이 무너졌다. ② 일의 너무해서 쓰러져 버렸다.

➕ ①（～を）倒（たお）す 放倒，弄翻 / (~ 을) 쓰러뜨리다 / 넘어뜨리다

👉 ①摧毁 ②病倒 / ① 붕괴 ② 병들다

1155 □ 動	転（ころ）ぶ	雪（ゆき）の日（ひ）に転（ころ）んで、足（あし）の骨（ほね）を折（お）った。
	摔，跌倒；滚 넘어지다	下雪天，我摔了一跤，腿骨折了。 눈 오는 날에 넘어져 다리 뼈를 부러뜨렸다.

1156	(会社が)つぶれる	①箱を落として、ケーキがつぶれてしまった。 ②友だちの会社がつぶれたそうだ。
動	压坏；(公司) 倒闭 (회사가) 망하다	①不小心弄掉了箱子，把蛋糕压坏了。 ②听说朋友的公司倒闭了。 ① 상자를 떨어뜨려서 케이크가 엉망이 돼 버렸다. ② 친구의 회사가 망했다고 한다.

= ②倒産する ＋ (～を) つぶす 弄碎；使破产 / (~ 을) 부수다

①被压扁 ②停止营业 / ① 모양이 무너지다 ②도산 / 파산하다

1157	次々［と］	会社で、次々と問題が発生した。
副	一个接一个，连续不断 연이어	公司不断地出问题。 회사에서 연이어 문제가 발생했다.

1158	停電〈する〉	地域で停電があり、2時間も回復しなかった。
名	停电 정전 <하다>	这个地区停电了，过了两小时都没有恢复。 지역에서 정전이 있었는데 2 시간이나 회복되지 않았다.

1159	断水〈する〉	この地域は地震で断水した。
名	断水 수돗물이 끊어지다 / 단수 <하다>	这个地区因地震断水了。 이 지역은 지진으로 수돗물이 끊어졌다.

1160	ゆれる	このマンションは、地震のとき、けっこうゆれる。
動	摇晃 흔들리다	这栋公寓在地震时摇晃得相当厉害。 이 아파트는 지진 때 꽤 흔들린다.

1161	ぐらぐら〈する〉	地震で家具がぐらぐら揺れた。
副	摇晃，不稳定 흔들흔들 / 동요 <하다>	地震时，家具都摇摇晃晃的。 지진으로 가구가 흔들흔들 흔들렸다.

1162	非常口	非常口は必ず確認しておきましょう。
名	紧急出口 비상구	请务必事先确认好紧急出口。 비상구는 반드시 확인해 둡시다.

＋ 非常時 非常时期，紧急时 / 비상시

Section 5

データ

数据 / 증가 <하다>

No.	語	例文
1163 □ 名	増加〈する〉 ぞうか **増加** **증가 <하다>**	海外からの観光客が増加している。 かいがい かんこうきゃく ぞうか 来自海外的游客正在增加。 해외 관광객이 증가하고 있다.
1164 □ 名	減少〈する〉 げんしょう **減少** **감소 <하다>**	子どもの数は、相変わらず減少している。 こ かず あいか げんしょう 儿童的数量仍旧在减少。 어린이의 수는 여전히 감소하고 있다.
1165 □ 動	超える こ **超过** **(기준을) 넘다**	アンケートで「はい」と答えた人が、半分を超えた。 こた ひと はんぶん こ 在问卷调查里回答"是"的人超过了半数。 설문 조사에서 '예'라고 답한 사람이 절반을 넘었다.
1166 □ 名	ピーク **最高峰** **피크 (최고조 / 절정)**	今日の暑さが、今年のピークと言えるだろう。 きょう あつ ことし い 今天这天气，可以说是今年最热的了。 오늘의 더위가 올해의 피크라고 말할 수 있겠다.
1167 □ 動	越える こ **越过，翻过** **넘다 / 초과하다**	インフルエンザはピークを越えたようだ。 こ 流感的最高峰似乎过去了。 인플루엔자는 피크를 넘은 것 같다.
1168 □ 名	全体 ぜんたい **全，所有** **전체**	全体の80パーセントの人が、反対だと答えた。 ぜんたい はちじゅっ ひと はんたい こた 所有人当中 80% 回答反对。 전체의 80% 사람들이 반대라고 대답했다.

➕ 全体的な（ぜんたいてき） 总的 / 전체적인

No.	語	例文
1169 □ 副	かなり **颇，相当** **꽤 / 상당수**	かなりの人が賛成していないことがわかった。 ひと さんせい 结果，相当一部分人不赞成。 상당수가 찬성하지 않는 것으로 나타났다.

1170 □ 信用〈する〉 しんよう
名
相信；信誉
신용 < 하다 >

このデータは信用できる。
这份数据可信。
이 데이터는 신용할 수 있다 .

1171 □ 失う うしな
動
失去，丧失
잃다

彼は重要なデータを消してしまい、信用を失った。
他删除了重要数据，丧失了信誉。
그는 중요한 데이터를 지워 버려서 신용을 잃었다 .

1172 □ 正常〈な〉 せいじょう
名 ナ形
正常
정상인 / 정상이다

このパソコンは正常に動いている。(ナ形)
这台电脑运行正常。
이 컴퓨터는 정상적으로 움직이고 있다 .

1173 □ 不景気〈な〉 ふけいき
名 ナ形
不景气，萧条
불경기인 / 불경기이다

もう何年も不景気が続いている。(名)
不景気な社会を変えたい。(ナ形)
已经持续好几年都不景气了。
我希望改变这个不景气的社会。
벌써 몇 년이나 불경기가 계속되고 있다 .
불경기인 사회를 바꾸고 싶다 .

1174 □ 円高 えんだか
名
日元升值
엔고

円高で、損をする人も得をする人もいる。
因为日元升值，有人亏损，有人获益。
엔고로 손해를 보는 사람도 이득을 보는 사람도 있다 .

⇔ 円安 えんやす

1175 □ 平均〈する〉 へいきん
名
平均
평균 < 하다 >

今回のテストの平均点は、75 点だった。
这次测验的平均分是 75 分。
이번 테스트의 평균 점수는 75 점이었다 .

＋ 平均点 へいきんてん 平均分 / 평균점

1176 □ およそ
副
大概
약

合格者は、およそ 20 パーセントだ。
合格者大约占 20%。
합격자는 약 20% 이다 .

約 やく

No.	単語	例文
1177 □	めちゃくちゃ〈な〉	この結果(けっか)は、だれが見(み)てもめちゃくちゃだ。(ナ形)
名 ナ形	乱七八糟，乱套 엉망진창인 / 엉망진창이다	这结果，无论在谁看来都是乱七八糟的。 이 결과는 누가 봐도 엉망진창이다.
	➕ むちゃくちゃ〈な〉 乱七八糟；荒唐 / 터무니없는 / 터무니없다 / 당치않은 / 당치않다	
1178 □	最(もっと)も	今年(ことし)、最(もっと)もヒットした映画(えいが)が発表(はっぴょう)された。
副	最 가장	今年最受欢迎的电影公布了。 올해 가장 히트 한 영화가 발표되었다.
1179 □	ついに	ついに、日本(にほん)の人口(じんこう)が減(へ)り始(はじ)めた。
副	终于 마침내	终于，日本的人口开始减少了。 마침내 일본의 인구가 줄어들기 시작했다.
1180 □	とうとう	とうとう、東京(とうきょう)の平均(へいきん)気温(きおん)が16(じゅうろく)度(ど)を超(こ)えた。
副	终于 드디어	东京的平均气温终于超过 16 度了。 드디어 도쿄의 평균 기온이 16 도를 넘었다.

これも覚えよう！❹

否定表現（ひていひょうげん） 否定的表达方式 / 부정 표현

- **不（ふ）～ ＝～が足（た）りない** 不～＝不够～ / ~이 부족하다

例（れい））	不可能（ふかのう）	不可能 / 불가능
	不自然（ふしぜん）	不自然 / 부자연
	不完全（ふかんぜん）	不完全，不完整 / 불완전
	不自由（ふじゆう）	有残疾 / 부자유
	不（ふ）まじめ	不认真 / 불성실
	不合格（ふごうかく）	不合格 / 불합격
	不安定（ふあんてい）	不稳定 / 불안정

- **無（む）～ ＝～がない** 無～＝无～ / ~이 없다

例（れい））	無意味（むいみ）	无意义 / 무의미
	無関心（むかんしん）	不关心，无兴趣 / 무관심
	無許可（むきょか）	没有许可 / 무허가
	無責任（むせきにん）	不负责任 / 무책임
	無計画（むけいかく）	无计划 / 무계획
	無免許（むめんきょ）	无证，无照 / 무면허
	無表情（むひょうじょう）	无表情 / 무표정

- **非（ひ）～ ＝～ではない** 非～＝非～ / ~가 아니다

例（れい））	非日常（ひにちじょう）	非日常 / 비일상
	非公開（ひこうかい）	非公开 / 비공개
	非公式（ひこうしき）	非正式 / 비공식
	非常識（ひじょうしき）	没有常识 / 비상식적인

• 未(み)～　＝まだ～ない　未～ = 未～ / 아직 ~ 하지 않다

例(れい))	未使用(みしよう)	未使用 / 미사용
	未成年(みせいねん)	未成年 / 미성년
	未解決(みかいけつ)	未解决 / 미해결
	未開発(みかいはつ)	未开发 / 미개발
	未経験(みけいけん)	没有经验 / 미경험

N3

Chapter 11

気持ち(きも)を伝え(つた)よう！

传达心情吧！

마음을 전하자！

Section 1

性格

せいかく

性格 / 성격

1181 □ 名	個性（こせい）	一人ひとりの個性を大切にしよう。（ひとり／こせい／たいせつ）
	个性 개성	尊重每个人的个性。 한 사람 한 사람의 개성을 소중히 하자.

➕ 個性的な（こせいてき） 有个性的 / 개성적인

1182 □ 名 ナ形	まじめ〈な〉	彼は、とてもまじめな会社員だ。（ナ形）（かれ／かいしゃいん）
	认真，老实；正派 성실한 / 성실하다	他是一名非常踏实的员工。 그는 매우 성실한 회사원이다.
1183 □ 名	働き者（はたらきもの）	私の母は働き者だ。（わたし／はは／はたらきもの）
	能干的人 일꾼 / 부지런한 사람	我妈妈很能干。 우리 어머니는 부지런한 사람이다.
1184 □ 名 ナ形	正直〈な〉（しょうじき）	うそはいけません。正直に言いなさい。（ナ形）（しょうじき／い）
	老实，正直 정직한 / 정직하다	不许说谎。说实话。 거짓말은 안 됩니다. 정직하게 말하십시오.

➕ 正直者（しょうじきもの） 老实人 / 정직한 사람

1185 □ ナ形	素直な（すなお）	弟は、とても素直な性格だ。（おとうと／すなお／せいかく）
	直率，听话 솔직한	弟弟的性格非常直率。 남동생은 매우 솔직한 성격이다.
1186 □ ナ形	積極的な（せっきょくてき）	会社では、積極的に仕事をしている。（かいしゃ／せっきょくてき／しごと）
	积极的 적극적인	我在公司积极地工作。 회사에서는 적극적으로 일을 하고 있다.
1187 □ ナ形	消極的な（しょうきょくてき）	彼は消極的なタイプだ。（かれ／しょうきょくてき）
	消极的 소극적인	他是一个消极的人。 그는 소극적인 타입이다.

1188 □ ナ形	ほがらかな 开朗，爽快 명랑한	ほがらかな人と一緒にいると、楽しくなる。 和开朗的人待在一起，就会变得快乐。 명랑한 사람과 함께 있으면 즐거워집니다.
1189 □ イ形	人なつこい 容易和人亲近 붙임성이 있다	彼女は人なつこいので、先輩にかわいがられる。 她是一个容易亲近的人，前辈们都喜欢她。 그녀는 붙임성이 있기 때문에 선배에게 귀여움을 받는다. ＝ 人なつっこい
1190 □ ナ形	おだやかな 平稳；温和 온화한 / 온화하다	彼はおだやかなので、みんなに好かれる。 他个性温和，大家都喜欢他。 그는 온화한 성격 때문에 모두에게 사랑받는다.
1191 □ ナ形	のん気な 无忧无虑；不慌不忙 성격이 낙관적인 / 느긋한	のん気に遊んでいないで、勉強しなさい。 去学习，别老是悠闲地玩耍！ 느긋하게 놀지 말고, 공부하십시오.
1192 □ イ形	おとなしい 老实，规规矩矩 온순하다 / 얌전하다	姉は、会社ではおとなしいらしい。 姐姐在公司似乎很老实。 언니 / 누나는 회사에서는 얌전하다.
1193 □ イ形	そそっかしい 举止慌张，马虎 덜렁대다	田中さんはそそっかしくて、1日に3回はミスする。 田中先生是个马大哈，一天要犯 3 次错。 다나카 씨는 덜렁대서 하루에 3 번은 실수한다.
1194 □ ナ形	いいかげんな 马马虎虎，敷衍 엉터리 / 성의 없이 / 무책임한	いいかげんな返事をしてはいけません。 不能回答得不负责任。 성의 없이 대충 답변을 해서는 안 됩니다.
1195 □ 名 ナ形	意地悪〈な〉 使坏，刁难，心眼儿坏 심술궂은 / 심술궂다	意地悪をするのは、やめなさい。(名) 意地悪な人は嫌われる。(ナ形) 不要刁难人。 心眼儿坏的人遭人讨厌。 심술궂은 짓을 하는 것은 삼가십시오. 심술궂은 사람은 모두가 싫어한다.

1196 □	わがまま〈な〉	わがままを言わないでください。(名) 彼女はわがままな性格だ。(ナ形)
名 ナ形	**任性** **제멋대로 굴다 / 이기적이다 / 버릇없다**	不要说任性的话。 她很任性。 떼쓰며 자기 고집을 피우지 마십시오 . 그녀는 이기적인 성격이다 .
1197 □	勝手〈な〉(かって)	勝手に人のノートを見ないでください。(ナ形)
名 ナ形	**任意，随便** **제멋대로**	不要随便看别人的笔记本。 제멋대로 사람의 노트를 보지 마십시오 .
1198 □	図々しい(ずうずう)	彼は、勝手に人の辞書を使う。図々しい人だ。
イ形	**厚脸皮** **뻔뻔한 / 뻔뻔하다**	他随便就用别人的字典，脸皮真厚。 그는 제멋대로 다른 사람의 사전을 사용한다 . 뻔뻔한 사람이다 .
1199 □	生意気〈な〉(なまいき)	彼女は生意気だが、嫌いじゃない。(ナ形)
名 ナ形	**自大，不知天高地厚** **건방진 / 건방지다**	虽然她比较自大，但我并不讨厌她。 그녀는 건방지지만 , 싫지 않다 .
1200 □	けち〈な〉	彼はけちだから、ごちそうしてくれない。(ナ形)
名 ナ形	**吝啬，小气** **인색한 / 인색하다**	他是个小气鬼，不请我吃饭。 그는 인색해서 사람들에게 음식을 대접해 주지 않는다 .
1201 □	しつこい	彼はしつこいから、きっとあきらめないだろう。
イ形	**执拗，纠缠不休** **집요하다**	他是一个执拗的人，一定不会放弃的。 그는 집요하기 때문에 , 반드시 포기하지 않을 것이다 .
1202 □	鋭い(するど)	①彼は鋭いナイフを探している。 ②母は鋭いので、私のうそに気づく。
イ形	**锐利；敏锐** **날카로운 / 날카롭다 / 예민한 / 예민하다**	①他在找一把尖锐的小刀。 ②妈妈很敏锐，会发现我说谎的。 ① 그는 날카로운 칼을 찾고 있다 . ② 어머니는 예민해서 내가 하는 거짓말을 바로 알아챈다 .

☞ ①锋利 ②感觉灵敏 / ① 예리하다 ② 감각이 뛰어나다

1203 □	鈍い にぶ	父は鈍いから、はっきり言わないとわからない。
イ形	钝；迟钝 둔한 / 둔하다	爸爸比较迟钝，要是不直说，他就不明白。 아버지는 둔하니까 분명하게 말하지 않으면 모른다.
1204 □	単純〈な〉 たんじゅん	①彼は単純な計算ミスをした。(ナ形) ②彼は単純なところがある。(ナ形)
名 ナ形	单纯，简单 단순한 / 단순하다	①他犯了一个简单的计算错误。 ②他有单纯的地方。 ① 그는 단순한 계산 실수를 했다. ② 그는 단순한 점이 있다.

①不复杂 ②想法简单 / ① 복잡하지 않다 ② 사고 방식이 단순하다.

1205 □	オーバーな	あの人は何でもオーバーに言う。
ナ形	夸张 과장된 / 도를 넘은	那个人无论什么都说得很夸张。 그 사람은 무엇이든 과장해서 말한다.

= 大げさな おお

“オーバー〈する〉”表示超过了一个确定的标准。
"オーバー〈する〉"에는 어느 기준을 초과한다는 의미가 있다.

1206 □	欠点 けってん	だれにでも欠点がある。
名	缺点 결점	无论是谁都有缺点。 누구에게나 결점이 있다.

+ 弱点 じゃくてん 弱点 / 약점

1207 □	くせ	話しているときに髪にさわるのが私のくせです。
名	习惯，毛病 버릇 / 습관	说话时摸头发是我的习惯。 말할 때 머리에 손대는 것이 내 버릇입니다.

+ 口ぐせ くち 口头禅 / 입버릇

1208 □	器用な きよう	姉は器用で、料理も上手だ。
ナ形	灵巧；巧妙 솜씨가 좋다 / 손재주가 있다	姐姐手巧，做饭也好吃。 누나는 솜씨가 좋아, 요리도 잘한다.

↔ 不器用な ぶきよう

Section 2

うれしい気持ち
き も

开心 / 기쁜 마음

1209 □ 名

感情 かんじょう	彼女は感情を人に見せない。 かのじょ かんじょう ひと み
感情 **감정**	她不向人表露自己的感情。 그녀는 감정을 다른 사람에게 보이지 않는다.

➕ 感情的な（かんじょうてき） 感情用事，非理智的 / 감정적인

1210 □ 動

あこがれる	この女優に、ずっとあこがれている。 じょゆう
憧憬，向往 **동경하다**	我一直很崇拜这个女演员。 이 여배우를 계속 동경하고 있다.

➕ あこがれ 憧憬，向往 / 동경

1211 □ イ形

うらやましい	彼には欠点がない。本当にうらやましい。 かれ けってん ほんとう
羡慕 **부럽다**	他完美无缺，真让人羡慕。 그에게는 단점이 없다. 정말 부럽다.

1212 □ 動

落ち着く お つ	彼としゃべっていると、とても落ち着く。 かれ お つ
沉着，安静，平心静气 **마음이 가라앉다 /** **마음이 진정되다**	和他聊天，会让人非常平静。 그와 이야기하고 있으면, 매우 마음이 가라앉는다.

1213 □ 名

感激〈する〉 かんげき	彼に婚約指輪をもらって、感激した。 かれ こんやくゆびわ かんげき
感激，感动 **감격 < 하다 >**	我接受了男朋友的订婚戒指，非常感动。 그에게 약혼반지를 받고 감격했다.

1214 □ 名

感動〈する〉 かんどう	この映画に、みんなが感動するだろう。 えいが かんどう
感动 **감동 < 하다 >**	看了这部电影，所有人都会感动吧。 이 영화에 모두가 감동할 것이다.

1215 □ 感心〈する〉（かんしん）

アインさん、日本語（にほんご）が上手（じょうず）になりましたね。感心（かんしん）しました。

名 钦佩，赞叹
감탄 <하다>

你的日语变好了呢，真棒！
아인 씨, 일본어가 능숙하게 되었네요. 감탄했습니다.

1216 □ なつかしい

高校時代（こうこうじだい）が、とてもなつかしい。

イ形 怀念，眷恋
그리운 / 그립다

我非常怀念我的高中生活。
고교 시절이 너무 그립다.

1217 □ 気軽な（きがる）

何（なん）でも気軽（きがる）に相談（そうだん）してください。

ナ形 爽快；随意
어렵게 생각하지 않다 / 가볍게 생각하다 / 부담없이 생각하다

不管什么事情，都可以找我商量。
무엇이든 부담없이 상담하십시오.

1218 □ 気楽な（きらく）

ストレスのない気楽（きらく）な生活（せいかつ）がしたい。

ナ形 轻松；坦然
홀가분한 / 평온한 / 한가한

我希望能够生活得没有压力、轻轻松松。
스트레스 없는 평온한 생활을 하고 싶다.

1219 □ 幸せ〈な〉（しあわ）

幸（しあわ）せは、人（ひと）によって違（ちが）う。(名)
いろいろあったが、今（いま）は幸（しあわ）せな毎日（まいにち）だ。(ナ形)

名 ナ形 幸福
행복 / 행복한 / 행복하다

幸福因人而异。
虽然发生了许多事情，但现在我每一天都很幸福。
행복은 사람에 따라 다르다.
여러 가지 일이 있었지만, 지금은 매일 행복하다.

＝ 幸福（こうふく）〈な〉・ハッピー〈な〉　＋ 幸（さいわ）い 幸运；幸好 / 다행히

1220 □ 冗談（じょうだん）

彼（かれ）の冗談（じょうだん）は、おもしろい。

名 玩笑
농담

他开的玩笑很有意思。
그의 농담은 재미있다.

没有“冗談する”这种说法。
"冗談する" 라는 동사는 없으니 주의.

1221 □ ユーモア

ユーモアのない人（ひと）と話（はな）しても、おもしろくない。

名 幽默
유머

跟没有幽默感的人说话很无趣。
유머가 없는 사람과 이야기해도 재미없다.

1222 □ ナ形	ゆかいな	彼は<u>ゆかいな</u>人だ。(かれ、ひと)
	愉快 유쾌한 / 유쾌하다	他是一个快活的人。 그는 유쾌한 사람이다.

↔ 不ゆかいな(ふ)

1223 □ 動	愛する(あい)	あの歌手は世界中で<u>愛されて</u>いる。(かしゅ、せかいじゅう、あい)
	爱，热爱 사랑하다	那个歌手受到世界各地人们的喜爱。 그 가수는 전 세계에서 사랑받고 있다.
1224 □ ナ形	真剣な(しんけん)	彼は彼女を<u>真剣に</u>愛しているらしい。(かれ、かのじょ、しんけん、あい)
	认真，正经 진지한 / 진지하다	他对她的爱好像是认真的。 그는 그녀를 진지하게 사랑하고 있는 것 같다.
1225 □ 副	どきどき〈する〉	大好きな人が近くにいると、<u>どきどきする</u>。(だいす、ひと、ちか)
	心脏怦怦地跳 두근두근 <하다>	一靠近我非常喜欢的人，我就会小鹿乱撞。 사랑하는 사람이 가까이에 있으면 두근두근한다.
1226 □ 副	わくわく〈する〉	来週、日本に留学するので、<u>わくわくして</u>いる。(らいしゅう、にほん、りゅうがく)
	欢欣雀跃 두근두근해서 설레다	下周我要去日本留学了，我很兴奋。 다음 주에 일본에 유학하기 때문에, 가슴이 설레고 있다.
1227 □ 副	ほっと〈する〉	試験に合格して、<u>ほっとした</u>。(しけん、ごうかく)
	叹气；放心 안심 <하다>	考试合格了，我松了一口气。 시험에 합격하여 안심했다.
1228 □ 副	のんびり〈する〉	将来は、いなかで<u>のんびり</u>暮らしたい。(しょうらい、く)
	悠闲自在 한가로이	将来，我想在乡下悠闲地生活。 장래는 시골에서 한가로이 살고 싶다.
1229 □ 動	ほほえむ	彼女が<u>ほほえむ</u>と、みんなが幸せな気持ちになる。(かのじょ、しあわ、きも)
	微笑 미소짓다	她微微一笑，大家就会觉得很幸福。 그녀가 미소지으면 모두가 행복한 기분이 된다.

＋ ほほえみ 微笑 / 미소・スマイル 笑容 / 스마일・笑顔(えがお) 笑脸 / 미소

1230 □ 名 ナ形	夢中〈な〉(むちゅう)	妹(いもうと)はおしゃれに夢中(むちゅう)だ。(ナ形)
	入迷，着迷 열중이다	妹妹很着迷于打扮。 여동생은 멋부림에 열중이다 .
1231 □ 名	勇気(ゆうき)	勇気(ゆうき)を持(も)って、チャレンジしよう。
	勇气 용기	拿出勇气来挑战！ 용기를 가지고 도전하자 .

Section 3

ブルーな気分(きぶん)

忧郁 / 우울한 기분

1232 □	あきる	このドラマには、もうあきてしまった。
動	腻烦，厌倦 싫증이 나다	我已经厌倦了这部电视剧。 이 드라마는 이제 싫증이 났다.
1233 □	嫌(いや)がる	息子(むすこ)は家(いえ)の手伝(てつだ)いを嫌(いや)がる。
動	讨厌，不愿意 싫어하다	儿子不愿意帮家里做事情。 아들은 집안일을 돕는 것을 싫어한다.
1234 □	落(お)ち込(こ)む	友(とも)だちに悪口(わるぐち)を言(い)われて落(お)ち込(こ)んだ。
動	郁闷，消沉 침울해지다	朋友说我的坏话，这让我很郁闷。 친구에게 험담을 듣고 침울해졌다.
1235 □	がっかり〈する〉	試験(しけん)の結果(けっか)が悪(わる)くて、がっかりした。
副	失望，垂头丧气 실망 / 낙담 <하다>	考试成绩糟糕，这让我很气馁。 시험 결과가 나빠서 낙담했다.
1236 □	悲(かな)しむ	大(おお)きな事故(じこ)が起(お)きて、国中(くにじゅう)が悲(かな)しんでいる。
動	悲伤 슬퍼하다	发生了一起重大事故，全国各地陷入悲伤当中。 큰 사고가 일어나 온 나라가 슬퍼하고 있다.

⇔ 喜(よろこ)ぶ　＋ 悲(かな)しみ 悲伤 / 슬픔

1237 □	かわいそうな	この地域(ちいき)の子(こ)どもたちは学校(がっこう)に行(い)けない。かわいそうだ。
ナ形	可怜 불쌍한	这个地区的儿童上不了学，真可怜。 이 지역의 아이들은 학교에 갈 수 없다. 불쌍하다.
1238 □	気(き)の毒(どく)な	気(き)の毒(どく)な人(ひと)たちに、元気(げんき)を与(あた)えたい。
ナ形	可怜，可悲，可惜 딱한 / 가엾은 / 곤란에 처한	我希望能够让不幸的人们打起精神来。 곤란에 처한 사람들에게 힘을 주고 싶다.

1239 □ **きつい**

①このくつは<u>きつくて</u>、はけない。
②このバイトは<u>きつい</u>。

イ形 緊；累人；严厉 / 힘들다 / 꼭 끼다

①这双鞋太紧，穿不上。
②这份兼职很累人。
①이 신발은 꼭 껴서 신을 수 없다.
②이 아르바이트는 힘들다.

①紧得没有多余的空间 ②辛苦 / ① 틈이 없다 ② 힘들다

1240 □ **恐怖**（きょうふ）

こんな<u>恐怖</u>は経験したことがない。

名 恐怖，恐惧 / 공포

我从来没有这么恐惧过。
이런 공포는 경험한 적이 없다.

＋ 恐怖心（きょうふしん） 恐怖心理，害怕 / 공포심・恐怖映画（きょうふえいが） 恐怖电影 / 공포 영화

1241 □ **ショック**

親友の言葉に、ひどい<u>ショック</u>を受けた。

名 冲击，打击 / 쇼크 / 충격

好朋友的话让我深受打击。
친구의 말에 심한 충격을 받았다.

1242 □ **後悔〈する〉**（こうかい）

高いバッグを買って、<u>後悔して</u>いる。

名 后悔 / 후회 <하다>

我买了一个昂贵的包，现在后悔了。
비싼 가방을 사서 후회하고 있다.

1243 □ **悩む**（なやむ）

一人で<u>悩んで</u>いないで、話を聞かせてください。

動 烦恼 / 고민하다

不要独自烦恼，说出来听听。
혼자 고민하지 말고, 이야기를 들려주세요.

1244 □ **悩み**（なやみ）

<u>悩み</u>があるなら、私に相談してほしい。

名 烦恼 / 고민

如果有什么烦恼，我希望你能跟我商量。
고민이 있다면, 나에게 상담하기 바란다.

1245 □ **不安〈な〉**（ふあん）

明日入学試験を受ける。<u>不安</u>でいっぱいだ。(名)
<u>不安な</u>ときは、私に話してください。(ナ形)

名 ナ形 不安，担心 / 불안한 / 불안하다

明天要参加入学考试了，我的内心充满了不安。
当你觉得不安时，请告诉我。
내일 입학 시험을 본다. 불안감으로 가득하다.
불안할 때는 나에게 이야기하십시오.

↔ 安心〈な〉（あんしん）

1246 □

迷惑（めいわく）〈な／する〉

名 ナ形

いろいろと、ご迷惑（めいわく）をおかけしました。(名)

近所（きんじょ）に迷惑（めいわく）な人（ひと）がいる。(ナ形)

麻烦，打搅

폐를 끼치다 / 귀찮다 / 골치가 아프다

给您添麻烦了。

附近有一个人总惹麻烦。

여러 가지 폐를 끼쳐 드려 죄송했습니다.

인근에 골치 아픈 사람이 있다.

1247 □

面倒（めんどう）〈な〉

名 ナ形

小（ち）さい妹（いもうと）の面倒（めんどう）をみている。(名)

面倒（めんどう）なことは、先（さき）にやったほうがいい。(ナ形)

麻烦，棘手；照顾

돌보다 / 번잡하고 성가신

我在照顾我的小妹。

最好先把麻烦的事情解决了。

어린 여동생을 돌보고 있다.

성가신 것은 먼저 하는 편이 좋다.

1248 □

面倒（めんどう）くさい

イ形

この仕事（しごと）は時間（じかん）がかかって、面倒（めんどう）くさい。

非常麻烦

귀찮은

这工作很耗时间，太麻烦了。

이 작업은 시간이 걸려 귀찮다.

1249 □

ぶつぶつ

副

彼（かれ）は、いつもぶつぶつ言（い）っている。

抱怨，嘟哝

투덜투덜

他总是嘟嘟囔囔的。

그는 항상 투덜거린다.

1250 □

いちいち

副

父（ちち）は、細（こま）かいことをいちいち私（わたし）に注意（ちゅうい）する。

一个一个

일일이

爸爸总是提醒我各种细节。

아버지는 세세한 것을 일일이 나한테 주의한다.

1251 □

やかましい

イ形

①外（そと）で、工事（こうじ）の音（おと）がやかましい。

②父（ちち）は私（わたし）の生活（せいかつ）について、やかましく言（い）う。

吵闹；啰嗦

소란스럽다 / 성가시다

①外面施工的声音很吵。

②爸爸总是唠唠叨叨地干涉我的生活。

① 밖에서 공사의 소리가 시끄럽다.

② 아버지는 내 인생에 대한 성가시게 말한다

①大声，喧闹 ②烦人地抱怨一些微不足道的事情

① 시끄러운 ② 세세한 것까지 말해 시끄럽다

Section 4

どんな感じ？

什么样的感受？ / 어떤 느낌？

No.	単語	例文
1252 □ 副	心から（こころ） 由衷，衷心 진심으로	先生には、心から感謝しています。（せんせい／こころ／かんしゃ） 我由衷地感谢老师。 선생님께는 진심으로 감사하고 있습니다.
1253 □ 動	祈る（いの） 祈祷；祝愿 기원하다	みんなの無事を、心から祈っている。（ぶじ／こころ／いの） 衷心祈祷大家平安无事。 모두가 무사하기를 진심으로 기원하고 있다.

➕ 祈り（いの） 祈祷，祷告 / 기원

No.	単語	例文
1254 □ 名	希望〈する〉（きぼう） 希望 희망 <하다>	彼は海外勤務を希望している。（かれ／かいがいきんむ／きぼう） 他希望派驻海外。 그는 해외 근무를 희망하고 있다.

➕ 望む（のぞ） 希望 / 원하다・望み（のぞ） 希望 / 희망

No.	単語	例文
1255 □ 動	願う（ねが） 请求；希望；祈求 원하다	合格を願って、有名な神社に行った。（ごうかく／ねが／ゆうめい／じんじゃ／い） 我去了一座有名的神社，祈求考试合格。 합격을 기원하러 유명한 신사에 갔다.
1256 □ 名	願い（ねが） 愿望，志愿；申请 소원	この願いが彼女に届きますように。（ねが／かのじょ／とど） 希望她能明白我的这份心愿。 이 소원이 그녀에게 닿기를 바랍니다.

“～ますように”用来表达说话人的希望。
"～ますように"는 자신의 소원을 말할 때의 표현.

No.	単語	例文
1257 □ 動	感じる（かん） 感觉；感到 느끼다	彼女の言葉に愛情を感じた。（かのじょ／ことば／あいじょう／かん） 我从她的话语中感受到了爱情。 그녀의 말에 애정을 느꼈다.
1258 □ ナ形	あいまいな 含糊，不明确 애매한 / 애매하다	日本語には、あいまいな表現が多い。（にほんご／ひょうげん／おお） 日语中有许多含糊的表达方式。 일본어에는 애매한 표현이 많다.

1259 □ 副

案外（あんがい）

彼はいい人そうだが、案外わがままだ。

出乎意料 / 의외

虽然他看上去人很好，却出乎意料地任性。
그는 좋은 사람이지만, 의외로 자기중심이다.

➕ 意外な（いがい）意外 / 의외인 ・ 意外と（いがい）意外 / 의외로

👉 也可以说“案外と” / "案外と" 도 사용

1260 □ 副

うっかり〈する〉

うっかり玄関のかぎをかけるのを忘れた。

粗心，稀里糊涂 / 무심코 <하다>

我稀里糊涂地忘记锁大门了。
무심코 현관 열쇠를 잠그는 것을 잊었다.

1261 □ 副

どうか

どうかＮ３の試験に合格できますように。

请；总算 / 아무쪼록

请保佑我 N3 级考试合格！
아무쪼록 N3 시험을 통과 할 수 있도록.

1262 □ 副

なんとか

レポートを締め切りになんとか間に合わせたい。

想办法；总算 / 어떻게든

我要想办法在截止日期之前写完报告。
보고서를 마감 내에 어떻게든 제출하고 싶다.

1263 □ 副

なんとなく

あの映画は、なんとなくおもしろそうだ。

总觉得；无意中 / 왠지

我总觉得那部电影会很有意思。
그 영화는 왠지 재미있을 것 같다.

1264 □ イ形

ものすごい

九州で、ものすごい雨が降っているようだ。

可怕；不得了 / 엄청난 / 엄청나다

九州下雨似乎下得非常厉害。
규슈에 엄청나게 비가 내리고 있는 것 같다.

👉 强烈的程度高于“すごい” / "すごい" 보다 더 강한 표현

1265 □ 副

わざわざ

わざわざお見舞いに来てくれて、ありがとう。

特地；故意 / 일부러

谢谢你特地来看望我。
일부러 병문안하러 와 주셔서 감사합니다.

1266 □ 副

こっそり

姉のバッグをこっそり借りた。

悄悄，暗地里 / 몰래 / 살짝 / 가만히

我悄悄地借用了姐姐的包。
언니 / 누나의 가방을 몰래 빌렸다.

1267 □ 副	ふと	昔(むかし)のことを、ふと思(おも)い出(だ)した。
	偶然，忽然 문득	我忽然想起了以前的事情。 옛날 일을 문득 떠 올렸다.
1268 □ 副	いったい	あの人(ひと)は、いったい何(なに)を考(かんが)えているんだろう。
	到底，究竟 도대체	他究竟在想什么? 그 사람은 도대체 무슨 생각을 하고 있는 걸까?

Section 5

複雑な気持ち(ふくざつなきもち)

复杂的情绪 / 복잡한 감정

1269 □ 名

表現(ひょうげん)〈する〉

私(わたし)は、気持(きも)ちをうまく表現(ひょうげん)できない。

表达
표현 <하다>

我不能很好地表达自己的情绪。
나는 감정을 잘 표현할 수 없다.

1270 □ 動

あがる

スピーチであがって、内容(ないよう)を忘(わす)れてしまった。

紧张，怯场
흥분하여 침착성을 잃다

演讲时我怯场了，忘记要说什么了。
연설할 때 흥분해서, 연설 내용을 잊어버렸다.

＝ 緊張(きんちょう)する

1271 □ 動

あせる

あせらないで、ゆっくり話(はな)してください。

着急
초조하게 굴다

别着急，慢慢说。
초조하게 굴지 말고 천천히 이야기하십시오.

＋ あせり 着急 / 초조함

1272 □ 副

そわそわ〈する〉

兄(あに)は朝(あさ)から、そわそわしている。

不镇静，坐立不安
안절부절못하다

哥哥从早上开始就一直坐立不安。
오빠는 아침부터 안절부절못하고 있다.

1273 □ 名

我慢(がまん)〈する〉

おなかがすいて、もう我慢(がまん)できない。

忍耐
참다

我肚子饿了，再也忍不了了。
배고파서, 더는 참을 수 없다.

1274 □ 名

自慢(じまん)〈する〉

彼(かれ)は家族(かぞく)のことを、よく自慢(じまん)している。

自夸，骄傲
자랑 <하다>

他常常炫耀自己的家人。
그는 가족에 대해 자주 자랑하고 있다.

1275 □ 名

関心(かんしん)

私(わたし)は政治(せいじ)に、全然(ぜんぜん)関心(かんしん)がない。

关心，感兴趣
관심

我完全不关心政治。
나는 정치에 전혀 관심이 없다.

＋ 無関心(むかんしん)〈な〉 不关心 / 무관심한 / 무관심하다

没有“関心する”这种说法。/ "関心する" 라는 동사가 없는 것에 주의.

1276 □ 名	機嫌（きげん） 心情；高兴 기분	今日（きょう）、部長（ぶちょう）は機嫌（きげん）がいい。 部长今天心情很好。 오늘 부장은 기분이 좋다.

➕ 不機嫌（ふきげん）〈な〉 不高兴 / 심기가 언짢은 / 심기가 언짢다 / 심기가 나쁜 / 심기가 나쁘다
上機嫌（じょうきげん）〈な〉 很高兴 / 썩 기분이 좋다 / 썩 기분이 좋은

1277 □ 名 ナ形	平気（へいき）〈な〉 冷静；不在乎，不要紧 태연한 / 태연하다	彼（かれ）は平気（へいき）そうな顔（かお）をしているが、本当（ほんとう）の気持（きも）ちはわからない。(ナ形) 他满脸不在乎的样子，不知道他的真实想法是什么。 그는 태연스러운 얼굴을 하고 있지만, 진실한 마음은 모르겠어요.
1278 □ 名 ナ形	本気（ほんき）〈な〉 真的；认真 진심이다	その人（ひと）が本気（ほんき）かどうか、目（め）を見（み）ればわかる。(ナ形) 一个人是不是认真的，看他的眼睛就能知道。 그 사람이 진심인지 눈을 보면 알 수 있다.
1279 □ 動	迷（まよ）う 迷失；犹豫 길을 잃다	映画館（えいがかん）に行（い）きたいが、道（みち）に迷（まよ）ってしまった。 我想去电影院，但是迷路了。 영화관에 가고 싶지만, 길을 잃어버렸다.
1280 □ 名	迷（まよ）い 迷惑，犹豫 망설임	留学（りゅうがく）したいと思（おも）っているが、気持（きも）ちに迷（まよ）いがある。 我想去留学，但是有一些犹豫。 유학하고 싶다고 생각하고 있지만, 마음에 망설임이 있다.
1281 □ ナ形	微妙（びみょう）な 微妙 미묘한 / 미묘하다	うれしいのか、さびしいのか微妙（びみょう）な気持（きも）ちだ。 我的心情很微妙，不知道是高兴还是落寞。 기쁜 것인지 슬픈 것인지 미묘한 기분이다.
1282 □ 名	魅力（みりょく） 魅力 매력	彼女（かのじょ）のきれいな目（め）に、魅力（みりょく）を感（かん）じた。 她那双美丽的眼睛很有魅力。 그녀의 예쁜 눈에 매력을 느꼈다.

➕ 魅力的（みりょくてき）な 有魅力 / 매력적인

1283 □ 本音（ほんね） 名

日本人（にほんじん）は、なかなか本音（ほんね）を言（い）わない。

真心话
본심

日本人不怎么吐露心声。
일본인은 좀처럼 본심을 말하지 않는다.

⇔ 建て前（たまえ）

1284 □ ましな ナ形

あんな人（ひと）の下（した）で働（はたら）くくらいなら、辞（や）めるほうがましだ。

不如……，胜过
나은 / 낫다

要在那种人手底下干活，还不如辞职。
저런 사람 밑에서 일할 정도라면 그만두는 편이 낫다.

1285 □ 涙（なみだ） 名

家族（かぞく）を思（おも）い出（だ）して、ときどき涙（なみだ）が出（で）る。

眼泪
눈물

想起家人，我常常会流泪。
가족을 생각하면 가끔 눈물이 난다.

1286 □ 憎む（にくむ） 動

彼（かれ）を愛（あい）していたが、今（いま）は憎（にく）んでいる。

恨，憎恶
미워하다

我曾经爱过他，但现在我恨他。
그를 사랑했지만，지금은 미워하고 있다.

＋ 憎い（にくい） 恨，可恶 / 미운 / 밉다

1287 □ カウンセリング〈する〉 名

カウンセリングを受（う）けると、気持（きも）ちが楽（らく）になる。

咨询
카운슬링을 하다 /
상담 <하다>

接受心理咨询之后，心情会变得轻松。
카운슬링을 받으면 마음이 편해진다.

これも覚(おぼ)えよう！ ⑤

慣用句(かんようく)　惯用词组 / 관용구

例(れい)) 頭(あたま)が痛(いた)い	头疼 / 머리가 아프다 / 골치 아프다
頭(あたま)にくる	气得发昏；喝酒上头 / 화가 나다 / 기분 나빠지다
腹(はら)が立(た)つ	生气，发怒 / 화가 나다
目(め)にする	看见 / 보다
耳(みみ)にする	听到 / 정보를 듣다
鼻(はな)が高(たか)い	骄傲 / 코가 높다 (자존심이 세다)
口(くち)に合(あ)う	合胃口 / 입맛에 맞다
口(くち)が軽(かる)い	嘴快;说话轻率 / 입이 가볍다 (비밀을 지키지 못하고 경솔하게 말을 하다)
口(くち)がかたい	守口如瓶 / 입이 굳다 (비밀을 지켜 남에게 말을 하지 않는다)
首(くび)になる	被解雇 / 해고되다
気(き)にする	介意 / 걱정하다 / 마음에 두다 / 신경을 쓰다
気(き)になる	担心 / 걱정이 되다 / 마음에 걸리다 / 신경이 쓰이다
愛(あい)を込(こ)めて	充满爱意 / 사랑을 담아
感謝(かんしゃ)を込(こ)めて	充满谢意 / 감사를 담아
心(こころ)を込(こ)めて	精心，用心 / 마음을 담아

N3

Chapter 12

イメージを伝(つた)えよう！

描述吧！

이미지를 전하자！

単語(たんご) No.

Section 1

デザイン

设计 / 디자인

1288 □ 名	模様（もよう） 花样，图案 모양	今年（ことし）は、どんな模様（もよう）の服（ふく）がはやりですか。 今年流行什么花样的衣服? 올해는 어떤 모양의 옷이 유행인가요?

➕ 模様替え（もようがえ） 改造装修 / 가구나 장식을 바꿈

1289 □ 名	特徴（とくちょう） 特征 특징	彼女（かのじょ）のデザインには、特徴（とくちょう）がある。 她的设计很有特点。 그녀의 디자인 특징에는 있다.

➕ 特長（とくちょう） 特长 / 특징

1290 □ 名	特色（とくしょく） 特色 특색	兄（あに）はいつも特色（とくしょく）のない服装（ふくそう）をしている。 哥哥总是穿一些没有特色的衣服。 형 / 오빠는 언제나 특색 없는 복장을 하고 있다.
1291 □ 名	柄（がら） 花样，花纹 무늬	このT（ティー）シャツは10種類（じゅっしゅるい）の柄（がら）から選（えら）べます。 这款 T 恤有 10 种花样可选。 이 티셔츠는 10 종류의 무늬 중에서 선택할 수 있습니다.
1292 □ 名	花柄（はながら） 花的图案 꽃무늬	花柄（はながら）のスカートがほしい。 我想要一条花裙子。 꽃무늬의 스커트를 원한다.
1293 □ 名	水玉（みずたま） 水珠 물방울 무늬	この水玉（みずたま）のワンピースは、とてもかわいい。 这条波点裙非常可爱。 이 물방울 무늬의 원피스는 아주 귀엽다.

〓 水玉模様（みずたまもよう）

1294 □ 名	しま 条纹，格纹 줄무늬	しまのシャツを着（き）ると、やせて見（み）える。 穿条纹衬衫显瘦。 줄무늬 셔츠를 입으면, 날씬해 보인다.

= しま模様(もよう)

1295 □ 名

たて

たての方向(ほうこう)に線(せん)を書(か)いてください。

纵，竖
수직 / 세로 방향

请纵向画线。
수직 / 세로 방향으로 선을 그어 주세요.

+ たてじま 竖条纹 / 세로줄무늬・たて書(が)き 竖写 / 세로 쓰기

1296 □ 名

横(よこ)

英語(えいご)は横(よこ)に書(か)く。

横
옆

英语要横着书写。
영어는 옆으로 쓴다.

+ 横(よこ)じま 横条纹 / 가로줄무늬・横書(よこが)き 横写 / 가로 쓰기

1297 □ 名 ナ形

ななめ〈な〉

このイラストは、ななめから見(み)ると、おもしろい。(名)
絵(え)がななめにかかっている。(ナ形)

斜
비스듬히 <하다>

这幅插画斜着看很有意思。
画挂歪了。
이 그림은 비스듬히 보면 재미있다.
그림이 비스듬히 걸려 있다.

1298 □ 名

幅(はば)

このテーブルの幅(はば)は、90(きゅうじゅっ)センチだ。

宽
폭

这张桌子宽 90 厘米。
이 테이블의 폭은 90 센티미터이다.

1299 □ 名

ストライプ

細(ほそ)いストライプのT(ティー)シャツを買(か)った。

条纹
스트라이프 / 줄무늬

我买了一件细条纹的 T 恤。
가는 줄무늬 티셔츠를 샀다.

1300 □ 名

無地(むじ)

無地(むじ)のシャツは、柄(がら)のスカートと合(あ)わせやすい。

素色
무지 (전체가 한 빛깔로 무늬가 없음)

素色衬衫跟有花样的裙子很好搭配。
단색의 셔츠는 무늬가 있는 스커트와 맞춰 입기 쉽다.

1301 □ ナ形

シンプルな

今日(きょう)はシンプルなファッションで出(で)かけよう。

简单，朴素
심플한 / 심플하다 / 간단한 / 간단하다

今天我打算穿一身简约的衣服出门。
오늘은 심플한 패션으로 외출하자.

1302 □ 真っ赤な（まっかな）
ナ形
鲜红
새빨간

真っ赤な服を着て、パーティーに行った。（まっか・ふく・き・い）
我穿着鲜红的衣服去参加聚会了。
새빨간 옷을 입고 파티에 갔다.

➕ 真っ白な（ましろ）纯白 / 새하얀・真っ青な（まさお）深蓝 / 새파란・真っ黒な（まくろ）漆黑 / 새까만

👉 "真っ" 接名词或形容词，表示强调程度之彻底。
"真っ～"는 명사나 형용사에 붙여서 "더 이상 없는～"이라는 강조의 의미가 된다.

1303 □ ばらばらな
ナ形
零乱
제각기 다른

このシャツのボタンは、色（いろ）もデザインもばらばらだ。
这件衬衫的纽扣，无论颜色还是设计都零乱不一。
이 셔츠의 단추는 색상도 디자인도 제각기 다르다.

1304 □ すっきり［と］〈する〉
副
舒畅；整洁
깔끔한 / 깔끔하다

彼（かれ）のスーツは細（ほそ）めで、すっきりしている。
他的西装比较收身，干净利落。
그의 양복은 가늘고 깔끔하다.

1305 □ 素敵な（すてきな）
ナ形
帅，漂亮
멋진 / 멋지다

このスカーフは、とても素敵（すてき）です。
这条围巾非常漂亮。
이 스카프는 매우 멋집니다.

Section 2

人のイメージ

ひと

描述人 / 사람의 이미지

1306 □ 名

印象 いんしょう

印象

인상

彼に初めて会ったとき、あまり印象がよくなかった。
かれ はじ あ いんしょう

第一次见到他的时候，我对他的印象不太好。

그를 처음 만났을 때, 별로 인상이 좋지 않았다.

➕ 第一印象(だいいちいんしょう) 第一印象 / 첫인상・好印象(こういんしょう) 好印象 / 좋은 인상・印象的な(いんしょうてき) 印象深刻 / 인상적인

1307 □ 名

外見 がいけん

外表

외모

彼は外見はいいが、性格に問題がありそうだ。
かれ がいけん せいかく もんだい

他外表不错，但似乎性格上有问题。

그는 외모는 좋지만, 성격에 문제가 있을 것 같다.

1308 □ 名

様子 ようす

样子，神情

모습 / 기색

彼女は疲れた様子を、だれにも見せない。
かのじょ つか ようす み

她不让任何人看到她疲惫的样子。

그녀는 피곤한 기색을 아무에게도 보이지 않는다.

1309 □ 名

表情 ひょうじょう

表情

표정

あの子は表情が豊かだ。
こ ひょうじょう ゆた

那孩子的表情很丰富。

그 아이는 표정이 풍부하다.

1310 □ 名

姿 すがた

样子；穿着；身影；面貌

모습

今日、田中さんの姿を見ていない。
きょう たなか すがた み

今天我没看到田中。

오늘 다나카 씨의 모습을 보지 못했다.

➕ うしろ姿(すがた) 背影 / 뒷모습・着物姿(きものすがた)(和服姿(わふくすがた)) 穿和服的样子 / 기모노 (일본 옷차림)

1311 □ 名

雰囲気 ふんいき

气氛，氛围

분위기

彼には特別な雰囲気がある。
かれ とくべつ ふんいき

他身上有一种特别的气质。

그에게는 특별한 분위기가 있다.

1288 - 1393

1312 □ 幼い（おさな） イ形

①彼女には幼い子どもがいる。
②何歳になっても、あの人の考えは幼いままだ。

幼小；幼稚
어린 / 어리다 / 유치한 / 유치하다

①她有一个年幼的孩子。
②不管年龄如何增长，那个人的想法还是很幼稚。
① 그녀는 어린 아이가 있다.
② 나이를 먹어도 / 몇 살이 되어도 그 사람의 생각은 유치한 상태이다.

①年纪还小 ②大人的思想像个孩子
① 실제로 아직 연령이 낮다 ② 어른이지만 생각이 아이 같다

1313 □ かっこいい イ形

彼はおしゃれで、とてもかっこいい。

棒，帅
근사한 / 근사하다 / 멋진 / 멋지다

他穿戴讲究，非常帅。
그는 세련되고, 매우 근사하다.

⇔ かっこ悪い（わる）

1314 □ 言葉づかい（ことば） 名

彼は言葉づかいが悪い。

说法，措辞
말투

他说话难听。
그는 말투가 나쁘다.

1315 □ 上品な（じょうひん） ナ形

この女優は、言葉づかいがとても上品だ。

高雅，大方
고상한 / 고상하다

这位女演员说话非常优雅。
이 여배우는 말투가 아주 고상하다.

＝ エレガントな

1316 □ 下品な（げひん） ナ形

彼は下品な食べ方をする。

粗俗，下流
품위가 없다 / 품위가 없는 / 천한 / 천하다

他吃东西吃得很粗俗。
그는 품위 없이 먹는다.

1317 □ 地味な（じみ） ナ形

この服は大学生の妹には、ちょっと地味だ。

朴素，素净
수수한 / 수수하다

对于上大学的妹妹来说，这件衣服有点儿素。
이 옷은 대학생인 여동생에게는 조금 수수하다.

1318 □ 派手な（はで）

ナ形

彼女は派手に見えるが、本当はおとなしい。

花哨，艳丽
화려한 / 화려하다

她看上去浮华，其实很温顺。
그녀는 화려하게 보이지만 , 사실은 얌전하다 .

1319 □ スマートな

ナ形

①彼女はモデルみたいにスマートだ。
②彼は女性に対して、いつもスマートだ。

苗条；潇洒
날씬하다 / 세련되게 행동하다

①她身材苗条，像模特一样。
②他对待女性总是很绅士。
① 그녀는 모델처럼 날씬하다 .
② 그는 여성을 항상 세련되게 대한다 .

①人或物很纤细 ②举止优雅。一般不怎么用来形容某人聪明。
① 사람이나 물건이 가늘고 멋지다 ② 행동이 세련되어 있다 . " 머리가 좋다 " 라는 의미로는 별로 사용하지 않는다 .

1320 □ 美人（びじん）

名

あんな美人は、今まで見たことがない。

美女
미인

我从来没见过那么美的女人。
저런 미인은 지금까지 본 적이 없다 .

＋ 美女（びじょ） 美女 / 미녀

1321 □ ハンサムな

ナ形

娘は父に「パパはハンサムだね。」と言う。

美男子，帅
잘생긴 / 잘생기다 / 핸섬한 / 핸섬하다 / 미남자인 / 미남이다

女儿对爸爸说：“爸爸好帅！”
딸은 자기 아버지에게 " 아빠는 미남이네 ." 라고 말한다 .

不能用于女性。 / 여성에게는 사용하지 않는다 .

1322 □ 不思議〈な〉（ふしぎ）

名 ナ形

彼女には不思議な魅力がある。（ナ形）

奇怪，不可思议
불가사의 < 하다 >/ 묘하다

她身上有着不可思议的魅力。
그녀는 묘한 매력이 있다 .

1323 □ 普通〈な〉（ふつう）

名 ナ形

彼は普通の成績だったが、今は教授になった。（名）
あの店のラーメンの味は普通だ。（ナ形）

普通，一般
평범하다 / 보통이다

他以前成绩平平，现在却当上了教授。
那家店的拉面味道一般。
그는 보통의 성적이었지만 , 지금은 교수가 되었다 .
그 가게의 라면의 맛은 보통이다 .

1324 □	さわやかな	彼のさわやかな笑顔が大好きだ。
ナ形	爽朗 상쾌한	我特别喜欢他爽朗的笑容。 그의 상쾌한 미소를 좋아한다 .
1325 □	さっぱり〈する〉	①朝、シャワーを浴びたら、さっぱりした。 ②姉はさっぱりした性格だ。
副	利落；直爽；爽快；清淡 산뜻한 / 산뜻하다 / 깔끔한 / 깔끔하다 / 시원스러운 / 시원스럽다	①早上冲完澡，爽快！ ②姐姐的性格很直爽。 ① 아침에 샤워를 했더니 산뜻했다 . ② 누나 / 언니는 시원스러운 성격이다 .

①摆脱无用之物后感觉很好 ②容易与人相处的性格。还可以表示味道不太重。
① 쓸데없는 것이 없어 기분이 좋다 ② 사귀기 쉬운 성격 . 또한 , 요리의 맛이 진하지 않고 먹기 좋다는 의미도 있다 .

1326 □	にっこり［と］〈する〉	先生は会うと、にっこり笑ってくれる。
副	嫣然一笑 활짝 웃다	每次见到，老师都会冲我微微一笑。 선생님은 만나면 활짝 웃어 준다 .
1327 □	にこにこ〈する〉	彼女は、いつもにこにこしている。
副	笑嘻嘻 싱글벙글 < 하다 >	她总是笑嘻嘻的。 그녀는 언제나 싱글벙글하고 있다 .
1328 □	にやにや〈する〉	彼は、いつもにやにやしていて気持ち悪い。
副	咧嘴而笑 히죽히죽 웃다 / 능글능글 맞다	他总是咧嘴带笑，好恶心。 그는 언제나 능글능글 맞아 기분 나쁘다 .
1329 □	いきいき［と］〈する〉	あの人は、いつもいきいきとしている。
副	活泼，生气勃勃 생기발란하다	他总是活力四射。 그 사람은 언제나 생기 발란하다 .
1330 □	ぺらぺら［と］	彼女は5か国語を、ぺらぺらと話す。
副	流利 유창하게	她能流利地说 5 国语言。 그녀는 5 개 국어를 유창하게 말한다 .

Section 3

物(もの)のイメージ

描述物体 / 물건의 이미지

1331 □ 表面(ひょうめん) 名
この果物(くだもの)の表面(ひょうめん)は固(かた)いが、中(なか)はやわらかい。
表面
표면
这种水果表面坚硬，但里面是软的。
이 과일의 표면은 단단하지만 속은 부드럽다.

1332 □ 立派(りっぱ)な ナ形
①リビングに、立派(りっぱ)なテーブルが置(お)いてある。
②彼(かれ)は立派(りっぱ)な学者(がくしゃ)になった。
漂亮，高级；优秀
훌륭한
①起居室里放着一张豪华的桌子。
②他成了一名优秀的学者。
① 거실에 훌륭한 테이블이 놓여 있다.
② 그는 훌륭한 학자가 되었다.

①设计豪华 ②职级、地位较高的 / ① 당당하다 / 웅장하다 ② (품질이) 뛰어나다

1333 □ 目立(めだ)つ 動
彼女(かのじょ)の服(ふく)は、派手(はで)で目立(めだ)つ。
显眼
눈에 띄다
她的衣服鲜艳夺目。
그녀의 옷은 화려해서 눈에 띈다.

1334 □ きらきら〈する〉 副
このダイヤは小(ちい)さいけれど、きらきらしている。
灿烂，闪耀
반짝반짝 <하다>
这颗钻石虽然小，但耀眼夺目。
이 다이아몬드는 작지만 반짝반짝한다.

1335 □ ぴかぴか［と］ 副
クリスマスツリーがぴかぴかと光(ひか)っている。
闪闪发光
반짝반짝 <하다>
圣诞树闪闪发光。
크리스마스 트리가 반짝반짝 빛나고 있다.

1336 □ 異(こと)なる 動
AとB(エー ビー)は似(に)ているが、微妙(びみょう)に異(こと)なる。
不同
다르다
A 和 B 虽然相似，但存在微妙的不同。
A 와 B 는 닮았지만 미묘하게 다르다.

1337 □ ぼんやり［と］〈する〉 副
遠(とお)くに山(やま)がぼんやりと見(み)える。
模模糊糊；发呆
희미하다 / 흐리하다 / 멍하다
远处隐约有一座山。
멀리 산이 희미하게 보인다.

⇔ はっきり［と］〈する〉

1338 □

大型（おおがた）

名 **形状大的，巨型**
대형

明日、大型の台風が来るかもしれない。

明天可能会有强台风。
내일 대형 태풍이 올지도 모른다.

⇔ 小型（こがた） ＋ 大型バス（おおがた） 大型巴士 / 대형 버스・大型連休（おおがたれんきゅう） 大型连休，长假 / 큰 규모 연휴

1339 □

多め〈な〉（おお）

名 ナ形 **多一些**
좀 많은 정도 / 넉넉하다

ミルクが多めのコーヒーが好きだ。(名)
この店のハンバーガーは、野菜が多めだ。(ナ形)

我喜欢多加一些奶的咖啡。
这家店的汉堡包里蔬菜比较多。
우유를 넉넉하게 넣은 커피를 좋아한다.
이 가게의 햄버거는 야채가 넉넉하다.

⇔ 少なめ〈な〉（すく）

1340 □

大きめ〈な〉（おお）

名 ナ形 **大一些**
조금 큰

子どもには、大きめの服を買ってあげる。(名)
ジャケットは、大きめなほうが着やすい。(ナ形)

我给小孩买略大一些的衣服。
短外套略大一些比较好穿。
아이에게는 조금 큰 옷을 사준다.
재킷은 큰 편이 입기 쉽다.

⇔ 小さめ〈な〉（ちい）

1341 □

太め〈な〉（ふと）

名 ナ形 **较粗，较肥**
조금 굵은 / 조금 폭이 넓은

今年の夏は、太めのパンツがほしい。(名)
ここのラーメンは太めだ。(ナ形)

今年夏天，我想买一条宽松的裤子。
这里的拉面比较粗。
올여름은 조금 폭 넓은 바지가 있으면 좋겠다.
여기의 라면은 면이 굵다.

⇔ 細め〈な〉（ほそ）

1342 □

完ぺき〈な〉（かん）

名 ナ形 **完美**
완벽한 / 완벽하다

この朝食は、栄養のバランスが完ぺきだ。(ナ形)

这顿早餐的营养非常均衡。
이 아침 식사는 영양의 균형이 완벽하다.

1343 □ たっぷり［と］〈する〉

紅茶にミルクと砂糖をたっぷり入れる。
こうちゃ さとう い

副 **满，足够，多**
듬뿍

在红茶里加足牛奶和糖。
홍차에 우유와 설탕을 듬뿍 넣는다.

1344 □ 多少
た しょう

この商品は、サンプルと多少違う。
しょうひん たしょう ちが

副 **多少**
다소 / 약간

这件商品跟样品多少有些不同。
이 제품은 샘플과 약간 다르다.

1345 □ それほど

みんなが彼を変だと言うが、それほどでもない。
かれ へん い

副 **那么**
그다지 / 그 정도 / 그토록

大家都说他奇怪，其实他也没那么奇怪。
모두가 그를 이상하다고 말하지만, 그 정도는 아니다.

＝ そんなに

1346 □ 縮む
ちぢ

このシャツは、洗濯機で洗うたびに縮む。
せんたくき あら ちぢ

動 **缩，收缩**
줄어들다

这件衬衫每次用洗衣机洗都会缩水。
이 셔츠는 세탁기로 세탁할 때마다 줄어든다.

Section 4

私たちの社会

わたし　しゃかい

我们的社会 / 우리 사회

1347 現代（げんだい）［名］
現代社会 / 현대

現代（げんだい）の社会（しゃかい）には、いろいろな問題（もんだい）がある。
现代社会存在着各种各样的问题。
현대 사회에는 여러가지 문제가 있다.

➕ 現代人（げんだいじん） 现代人 / 현대인・現代的（げんだいてき）な 现代的，现代化 / 현대적인

1348 現実（げんじつ）［名］
现实 / 현실

現実（げんじつ）はきびしいが、前（まえ）に進（すす）んでいこう。
虽然现实很严峻，但我们还是继续前进吧！
현실은 엄하지만 앞으로 나가자.

➕ 現実的（げんじつてき）な 现实的，实际的 / 현실적인

1349 理想（りそう）［名］
理想 / 이상

理想（りそう）と現実（げんじつ）の間（あいだ）で悩（なや）むことがある。
有时我会在理想与现实之间纠结。
이상과 현실 사이에서 고민하는 것이 있다.

➕ 理想的（りそうてき）な 理想的 / 이상적인

1350 偉大（いだい）な［ナ形］
伟大的 / 위대한

社会（しゃかい）には偉大（いだい）なリーダーが必要（ひつよう）だ。
社会需要伟大的领导者。
사회에는 훌륭한 리더가 필요하다.

1351 当然（とうぜん）〈な〉［名］［ナ形］
理所当然，应当 / 당연히 하다

子（こ）どもが親（おや）を大切（たいせつ）にするのは、当然（とうぜん）のことだ。(名)
今日（きょう）の試合（しあい）の結果（けっか）は当然（とうぜん）だ。(ナ形)
孩子觉得父母很重要，这是理所应当的。
今天的比赛结果是合乎常理的。
아이가 부모를 소중히 하는 것은 당연한 일이다.
오늘의 경기 결과는 당연하다.

1352 当（あ）たり前（まえ）〈な〉［名］［ナ形］
当然，自然 / 당연한 / 당연하다

困（こま）っている人（ひと）を助（たす）けるのは当（あ）たり前（まえ）だ。(ナ形)
帮助有困难的人是应该的。
어려운 이웃을 돕는 것은 당연하다.

1353 □	[お] 金持ち（かねも）	子どものころは、お金持ちになりたかった。
名	有钱人 부자	小时候，我想变成有钱人。 어렸을 때는 부자가 되고 싶었다.
1354 □	貧しい（まず）	①彼は貧しかったが、努力して社長になった。 ②彼は考えが貧しい。
イ形	贫穷；贫乏 가난한 / 가난하다 / 빈약한 / 빈약하다	①他以前很穷，但通过努力，他当上了总经理。 ②他的思想很贫乏。 ① 그는 가난했지만 노력해서 사장이 되었다. ② 그는 생각이 빈약하다.

①缺钱或物 ②没什么好内容
① 돈이나 물건이 적다 ② 내용에 좋은 곳이 없다

1355 □	貧乏〈な / する〉（びんぼう）	祖父は子どものころ、貧乏だったそうだ。(ナ形)
名 ナ形	穷，贫苦 가난한 / 가난하다	听说爷爷小时候很穷。 할아버지는 어린 시절 가난했다고 한다.
1356 □	発展〈する〉（はってん）	社会の発展のために役に立ちたい。
名	发展 발전 <하다>	我想为社会发展做出贡献。 사회의 발전을 위해 도움이 되고 싶다.
1357 □	進歩〈する〉（しんぽ）	技術は常に進歩している。
名	进步 진보 <하다>	技术在不断地进步。 기술은 끊임없이 진보하고 있다.
1358 □	強力な（きょうりょく）	将来のために、強力に発展を進める。
ナ形	有力，大力 강력한 / 강력하다	为了将来，我们要大力地促进发展。 장래를 위해 강력하게 발전을 추진한다.
1359 □	パワー	若者のパワーが、これからの社会をつくる。
名	力量 파워 / 힘	年轻人的力量将创造社会的明天。 젊은이의 파워가 앞으로 사회를 만든다.

1360 □ あふれる

①大雨(おおあめ)で川(かわ)の水(みず)があふれた。
②ラッシュで、人(ひと)がホームにあふれている。

動 溢出；挤满；充满
넘치다 / 범람하다

①因为大雨，河水涨得都漫出来了。
②上下班高峰期时，站台上挤满了人。
① 폭우로 강물이 범람했다.
② 출퇴근 시간에 사람들이 플랫폼에 넘치고 있다.

①超出某个范围 ②似乎要超出某个范围了
① 밖에까지 나오다 ② 밖에까지 나온 것 같다

1361 □ くずれる

①大雨(おおあめ)で山(やま)がくずれた。
②社会(しゃかい)のルールがくずれてきている。

動 坍塌，瓦解
무너진다

①因为大雨，山体坍塌了。
②社会规则正在一点点瓦解。
① 폭우로 산이 무너졌다.
② 사회의 규칙이 무너지고 있다.

➕ (～を) くずす 拆，使崩溃，使瓦解 / (～을) 무너뜨리다

①某物塌下来 ②一个系统瓦解
① 무너진다 ② 질서가 없어진다

1362 □ 経(た)つ

何年(なんねん)経(た)っても、あの事故(じこ)を忘(わす)れてはいけない。

動 过
(시간, 때가) 지나다

无论过了多少年，也不能忘记那起事故。
몇 년이 지나도 그 사고를 잊으면 안 된다.

1363 □ 前後(ぜんご)

二十歳(はたち)前後(ぜんご)の若者(わかもの)に、アンケートを取(と)った。

名 前后；左右
전후

面向 20 岁左右的年轻人进行了问卷调查。
스무 살 전후의 젊은이들에게 설문 조사를 했다.

1364 □ 盛(さか)んな

この町(まち)は、今(いま)でも祭(まつ)りが盛(さか)んだ。

ナ形 繁荣，盛行
한창인 / 한창이다 / 활발한 / 활발하다

这座小城至今还盛行庙会。
이 마을은 지금도 축제가 한창이다.

1365 □ 産業(さんぎょう)

日本(にほん)には、新(あたら)しい産業(さんぎょう)が必要(ひつよう)だ。

名 产业
산업

日本需要新的产业。
일본에는 새로운 산업이 필요하다.

1366	工業 こうぎょう	私のふるさとでは工業が盛んだ。
名	工业 공업	在我的故乡，工业很繁荣。 내 고향은 공업이 활발하다 .

1367	商業 しょうぎょう	この地方は商業の町だ。
名	商业 상업	这里是商业城市。 이 지방은 , 상업 도시이다 .

＋ 商売（しょうばい）〈する〉 买卖，生意 / 장사 < 하다 >

1368	農業 のうぎょう	いなかで農業を始めたい。
名	农业 농업	我想在农村开始从事农业。 시골에서 농사를 시작하고 싶다 .

Section 5

国際社会

こくさいしゃかい

国际社会 / 국제 사회

No.	単語	例文
1369 □	語る（かた）	政治家（せいじか）が平和（へいわ）について語った（かた）。
動	讲，讲述 이야기하다 / 말하다	那名政治家就和平进行了阐述。 정치가가 평화에 대해 말했다.
1370 □	解消（かいしょう）〈する〉	国（くに）と国（くに）のトラブルを解消する（かいしょう）のは難（むずか）しい。
名	解除，取消 해소 / 해결 <하다>	国与国之间的纠纷很难消除。 국가와 국가 간의 문제를 해결하기 어렵다.
		➕ ストレス解消（かいしょう）〈する〉 减压 / 스트레스 해소 <하다>
1371 □	それぞれ	全（すべ）ての国（くに）に、それぞれの文化（ぶんか）がある。（名） 人（ひと）は、それぞれ違（ちが）う考（かんが）えを持（も）っている。（副）
名 副	分别，各个 각각	所有的国家都有自己的文化。 每个人都有各自不同的想法。 모든 나라에 각각의 문화가 있다. 사람은 각각 다른 생각을 가지고 있다.
1372 □	片方（かたほう）	片方（かたほう）だけでなく、両方（りょうほう）の意見（いけん）を聞（き）くことが大切（たいせつ）だ。
名	一个，一方 한 쪽	关键是要听双方的意见，而不是只听一方的。 한쪽뿐만 아니라 양쪽의 의견을 듣는 것이 중요하다.
		↔ 両方（りょうほう）
1373 □	囲む（かこ）	A国（エーこく）は3つ（みっ）の国（くに）に囲（かこ）まれている。
動	围，包围 둘러싸다 / 포위하다	A 国被 3 个国家环抱在中间。 A 국은 3개국에 둘러싸여져 있다.
1374 □	代わり（か）	車（くるま）を輸出（ゆしゅつ）する代（か）わりに、石油（せきゆ）や小麦粉（こむぎこ）を輸入（ゆにゅう）する。
名	代替；补偿 대신 / 대리	我们出口汽车，同时进口石油、面粉等。 자동차를 수출하는 대신에 석유와 밀가루를 수입한다.

1375 □ 名

友好（ゆうこう）

近くの国との友好は、特に大切だ。

友好
우호 (관계)

与邻近国家之间友好相处，是至关重要的。
인근 국가와의 우호 (관계) 는 특히 중요하다 .

＋ 友好国（ゆうこうこく） 友好国家 / 우방 국가・友好関係（ゆうこうかんけい） 友好关系 / 우호 관계

1376 □ 名

期待〈する〉（きたい）

これからの両国の友好関係に期待している。

期待
기대 < 하다 >

我们期待今后两国之间继续发展友好关系。
앞으로의 양국의 우호 관계에 기대하고 있다 .

1377 □ 名

区別〈する〉（くべつ）

国の問題と個人の問題を区別しよう。

区别，分清
구별 / 구분 < 하다 >

分清国家问题和个人问题。
국가의 문제와 개인의 문제를 구별하자 .

1378 □ 名

差別〈する〉（さべつ）

差別のない社会にしたい。

差异；歧视
차별 < 하다 >

我希望建设一个无歧视的社会。
차별이 없는 사회를 만들고 싶다 .

1379 □ 名

限界（げんかい）

A国のB国に対する我慢が、限界を超えた。

界限；极限
한계

A 国对 B 国的容忍超过极限了。
A 국의 B 국에 대한 인내가 , 한계를 넘어 섰다 .

1380 □ 動

通じる（つう）

海外で言葉が通じないのは、とても不便だ。

通；通晓
통하다

在国外，语言不通是非常不方便的。
해외에서 말이 통하지 않는 것은 매우 불편하다 .

1381 □ 名

ジェスチャー

言葉が通じない場合は、ジェスチャーで伝える。

姿态；手势
제스처 / 몸짓

语言不通时，用手势来表达。
말이 통하지 않는 경우는 몸짓으로 알린다 .

1382 □ 名

首都（しゅと）

スイスの首都で、大きな会議が開かれる。

首都
수도

瑞士首都将召开大型会议。
스위스의 수도에서 큰 회의가 열린다 .

1383 □ ナ形

順調な（じゅんちょう）

3か国の話し合いは、順調に進んでいるようだ。

顺利
순조로운

看来，三方会谈进展顺利。
3개국의 대화는 순조롭게 진행되고 있는 것 같다 .

1384 □ 名

対象（たいしょう）
対象
대상

となりの国（くに）の首相（しゅしょう）を対象（たいしょう）に、インタビューをした。
我采访了邻国总理。
주변 국가의 수상을 대상으로 인터뷰를 했다 .

➕ 恋愛対象（れんあいたいしょう） 恋爱对象 / 연애 대상

1385 □ 名

通知（つうち）〈する〉
通知，告知
통지 <하다>

A国（エーこく）から、来年（らいねん）の訪日（ほうにち）の予定（よてい）が通知（つうち）された。
A 国告知了明年的访日计划。
A 국으로부터 다음 해의 방일 예정을 통지받았다 .

1386 □ 名

態度（たいど）
态度
태도

相手（あいて）の態度（たいど）で、こちらの態度（たいど）を変（か）える。
根据对方的态度改变我方的态度。
상대의 태도에 따라 , 우리 쪽의 태도를 바꾼다 .

1387 □ 動

求（もと）める
要求，追求
요구하다

貧（まず）しい人（ひと）たちが何（なに）を求（もと）めているのか、考（かんが）えるべきだ。
我们应当思考一下穷人要什么。
가난한 사람들이 무엇을 요구하고 있는지 생각해야 한다 .

1388 □ 名

結論（けつろん）
结论
결론

話（はな）し合（あ）いの結論（けつろん）は、明日（あした）わかるそうだ。
据说明天就能知道协商的结果了。
토론의 결론은 내일 알게 된다 .

1389 □ 動

ひっくり返（かえ）す
翻过来；推翻
뒤집다 / 뒤엎다

①ステーキを焼（や）くときは、途中（とちゅう）でひっくり返（かえ）す。
②昨日（きのう）出（で）た結論（けつろん）が、もうひっくり返（かえ）された。
①烤牛排的过程中把牛排翻个面。
②昨天得出的结论已经被推翻了。
① 스테이크를 구울 때는 도중에 뒤집는다 .
② 어제 나온 결론이 또 뒤엎어졌다 .

➕ (〜が) ひっくり返（かえ）る 翻倒；颠倒 / (〜 을) 뒤바뀌다 / 뒤집히다

👍 ①翻面 ②撤回 / ① 상하를 반대로 한다 ② 생각을 바꾼다

1390 □ 動

広（ひろ）がる
扩大；蔓延
넓어지다 / 퍼지다 / 확산하다

留学（りゅうがく）によって可能性（かのうせい）が広（ひろ）がった。
通过留学，可能性更多了。
유학으로 인해 가능성이 넓어졌다 .

1391 □ 動

広げる（ひろ）

積極的に自分の世界を広げていきたい。

扩大；展开
넓히다 / 퍼뜨리다

我想积极地扩大自己的世界。
적극적으로 자신의 세계를 넓혀 가고 싶다.

1392 □ 名

活動〈する〉（かつどう）

小さな活動から、世界を変えていく。

活动
활동 <하다>

从小事做起，改变世界。
작은 활동으로부터 세계를 바꾸어 간다.

＋ クラブ活動 课外集体活动 / 클럽 활동・就職活動 找工作 / 취직 활동 / 취업 활동・活動的な 活动的，有活力的 / 활동적인

1393 □ 名

ボランティア

ボランティアに参加して、成長したい。

志愿者
자원 봉사

我希望参加志愿者活动，让自己成长起来。
자원 봉사에 참여하여 성장하고 싶다.

＝ ボランティア活動　＋ ボランティア団体 志愿者组织 / 자원 봉사 단체

これも覚えよう！ ❻
おぼ

世界の地域 世界各个地区 / 세계 지역
せかい ちいき

北極 ほっきょく	北极 / 북극
南極 なんきょく	南极 / 남극
北半球 きたはんきゅう	北半球 / 북반구
南半球 みなみはんきゅう	南半球 / 남반구
赤道 せきどう	赤道 / 적도
北アフリカ きた	北非 / 북아프리카
中央アフリカ ちゅうおう	中非 / 중앙아프리카
南アフリカ みなみ	南非 / 남아프리카
オセアニア	大洋洲 / 오세아니아
北アメリカ きた	北美 / 북아메리카
南アメリカ みなみ	南美 / 남아메리카
東南アジア とうなん	东南亚 / 동남아시아 / 동남아
東アジア ひがし	东亚 / 동아시아
中央アジア ちゅうおう	中亚 / 중앙아시아
南アジア みなみ	南亚 / 남아시아
中東 ちゅうとう	中东 / 중동
中南米 ちゅうなんべい	中南美洲 / 중남미
北欧 ほくおう	北欧 / 북유럽
東欧 とうおう	东欧 / 동유럽
西欧 せいおう	西欧 / 서유럽
南欧 なんおう	南欧 / 남유럽
欧米 おうべい	欧美 / 구미 (유럽과 미국)

50音順単語索引
おんじゅんたんご さくいん

50 音图顺序索引 / 50 음 단어 색인

そ

た

<著者>　アークアカデミー
1986年創立。ARCグループ校として、ARC東京日本語学校、アークアカデミー新宿校、大阪校、京都校、ベトナムハノイ校がある。日本語教師養成科の卒業生は1万人を超え、日本語を通して社会貢献できる人材育成を目指している。

監修　遠藤 由美子（えんどう ゆみこ）
早稲田大学大学院日本語教育研究科修士課程修了
アークアカデミー新宿校校長
執筆　山田 光子（やまだ みつこ）
立教大学文学部教育学科卒業
ARC東京日本語学校講師
協力　関 利器（せき りき）
ARC東京日本語学校専任講師

はじめての日本語能力試験
N3 単語　2000　［中国語・韓国語版］

2019年8月23日　初版　第1刷発行
2023年6月15日　初版　第3刷発行

著　者	アークアカデミー
翻訳・翻訳校正	牛小可　唐雪（中国語）
	李銀淑　姜龍熙（韓国語）
イラスト	花色木綿
装丁	岡崎裕樹
編集・DTP	有限会社ギルド
発行人	天谷修身
発行所	株式会社アスク
	〒162-8558 東京都新宿区下宮比町 2-6
	TEL 03-3267-6864　FAX 03-3267-6867
	https://www.ask-books.com/
印刷・製本	日経印刷株式会社

　ISBN978-4-86639-298-1